“21世纪药店营销丛书”编委会

21世纪药店营销丛书

OTC品牌修炼术

药品零售市场实战策略

OTC PIN PAI XIU LIAN SHU
YAO PIN LING SHOU SHI CHANG
SHI ZHAN CE LUE

柯华松 编著

暨南大學出版社
JINAN UNIVERSITY PRESS

图书在版编目（CIP）数据

OTC品牌修炼术：药品零售市场实战策略 / 柯华松编著. —广州：暨南大学出版社，2014. 11

ISBN 978-7-5668-1250-6

Ⅰ.①O… Ⅱ.①柯… Ⅲ.①药品—零售—基本知识 Ⅳ.①F763

中国版本图书馆CIP数据核字（2014）第248413号

出版发行：暨南大学出版社

地　址：中国广州暨南大学
电　话：总编室（8620）85221601
　　　　营销部（8620）85225284　85228291　85228292（邮购）
传　真：（8620）85221583（办公室）　85223774（营销部）
邮　编：510630
网　址：http://www.jnupress.com　http://press.jnu.edu.cn

排　版：广州市友间文化传播有限公司
印　刷：佛山市浩文彩色印刷有限公司

开　本：787mm×1092mm　1/16
印　张：12
字　数：242千
版　次：2014年11月第1版
印　次：2014年11月第1次

定　价：32.00元

序

欣闻柯华松先生编著的《OTC品牌修炼术：药品零售市场实战策略》一书出版，总结其多年实践的满意营销之道，可喜可贺。

一说到营销，不同的人有不同的解读，就像“一千个读者眼中有一千个哈姆雷特”，市面上关于营销的书籍也是汗牛充栋。在传统的医药营销中，企业一方多把销量作为第一考虑因素，以往的4P理论也是聚焦在产品、价格、渠道和促销等因素上。然而随着互联网的迅速发展以及大型营销机构品牌联播的出现，传统营销的劣势日渐显现。柯华松先生倡导的满意营销，其精髓就是关注顾客体验，以培养忠诚顾客为出发点，通过深刻地认识和了解顾客，使产品或服务更好地满足顾客的需求而形成产品自我推销。可以说，满意营销为现代医药营销提供了一个行之有效的新选择。

柯华松从业二十余载，也与我共事多年。近二十年正是我国医药事业发展的黄金时期，他亲身参与并见证了我国医药营销事业的发展，既有基层业务员的工作经历，又有营销管理岗位的工作经历，是一位难得的全能型的“实战派”人员。同时，他还参加过不少关于营销策略的学习培训，平时注重研究，甚至亲自执掌教鞭，言传身教，可以说也是一位“理论派”人员。此书完全是他实践的结晶，对实际工作具有很强的指导意义，实操性极强。相信他的书会对企业的营销起到重要的启发作用。

从事医药行业的人都有这样的体验，销售器械的要比销售处方药的好，销售处方药的要比销售OTC的好。这个“好”，一方面是好做，好运作，容易出销量；另一方面是收入好，待遇好，关系稳定。随着医疗卫生体制改革的深入开展，基本药物目录不断扩编，医疗终端门诊量的增加也带动用药量飙升，社区服务的便利性和药品“零差价”抢走了不少药店客源。与医院市场的热火朝天相比，OTC市场显得愁云惨淡。经营越是困难，越要注重营销工作，越要把顾客放在首位。

本书汇集了柯华松先生从业以来以满意营销作为出发点和落脚点的多个真实案例，通过实际例子验证满意营销的可行性和科学性，语言通俗，形象生动，是一本既适合业内人士参考，又适合其他行业工作者品味的好书。让我们翻开这本书，开启满意营销的思考、探索之旅吧！

广州医药集团有限公司董事长

李楚源

2014.8.2

前 言

自2009年新医改以来，国家陆续出台了一系列医药政策法规，如一直以来都如火如荼的GMP、GSP换证，基药招标，低价药目录等，极大地影响着企业的经营决策，低增长、慢周期成为主流，这愁煞了市场一线的营销将士们：这药该怎么卖？这牌该怎么打？

管理大师德鲁克说过，营销就是使销售成为多余。这至少包含以下几层意思：营销就是要卖货；要使货卖得好，必须得有更多的顾客；营销的终极目的是创造顾客；顾客用钞票投票。

要使货变得更好卖，必须让顾客回头购买、重复购买、推荐新顾客来购买，这就需要让顾客愿意、满意。如果顾客满意了，说明产品好，产品自然会成为品牌。品牌简化了顾客的选择，巩固了供应链的利益共同体，销售便成为一件容易的事。这就是营销追求的境界。

笔者在营销实践和带领营销团队开疆拓土的过程中，一直坚持、提倡以下观点：营销战略要落地，财务目标要实现，必须让顾客满意，共同构建供应链的利益共同体；同时要在品类创新中找到突破口，聚焦资源配置，打造单品为王，完成品牌靓丽塑造，实现销售增长，保持竞争优势。

要完成这个华丽的转身，把战略转化为战术，策略的作用不言而喻。这一点做营销的都懂：策略落实必须要有执行力，执行是策略的孪生兄弟。策略不是纸上谈兵、花拳绣腿，真正有效的营销策略应该是真刀真枪砍敌于马下。

OTC营销首先从渠道策略入手。以前，掌控渠道就能产生销量；近年大家都明白，掌控渠道只是为了更好地掌控终端、服务客户。渠道的“水库理论”告诉我们，一级商是“水库”，旨在帮厂家调控货源，使“旱涝保收”；二级商是水管，起分销作用；三级商是终端，是“水龙头”，直接服务顾客。只有水龙头拧开了，才能让货物从厂家到水库再经水管顺畅地到达顾客手上，形成良性循环，生生不息。当然，渠道的布局与监督、客户的分销与服务，都离不开团队，团队的战斗力和管理水平是决定深度分销成败的重要因素。PDCA工作方法，无论是在当年还是在现在，都是创新和卓有成效的团队管理所必需的。

OTC营销与处方药营销的不同直接表现在终端价格的差异上。OTC终端的价格往往比厂家建议的零售价要低，特别是品牌药；而医院终端的价格一般是偏高和稳定的。对于厂家而言，药店终端维价是一件令人非常头痛的事情。在平价药店迅猛发展的那几年，大厂家品牌药在药店的零售价真是惨不忍睹，平价药店纷纷高举“为了老百姓、为了挤压虚高药价”的大旗，狠狠地拿品牌药杀价，长期低于采购价销售，甚至在新店开张或会员日时，限时限量地以1元大赠送的方式销售品牌药，扰乱了价格体系，破坏了利益共同体，厂商关系剑拔弩张。

其时，有强势的厂家尝试通过法律的手段起诉平价药店违反《价格法》、《不正当竞争法》等，最终也是不欢而散，不了了之。2005年，正值电视剧《亮剑》热播，“亮剑精神”成为人们茶余饭后的热点话题。笔者当年在广州白云山和记黄埔中药有限公司主导的终端维价的“亮剑行动”中，一改厂家强势打压平价药店的做法，对遵守厂家建议零售价的药店，以奖励为主，以协助促销作配合，以媒体支持宣传作辅助，北起哈尔滨、南到海口、东起上海、西到西安，掀起了席卷全国的“厂商合作”之风，成为行业的佳话。如今看来，仍不乏借鉴意义。

如今，连锁药店已得到长足的发展，百强连锁药店的销售额占整个零售总额的三分之一还多，厂家也越来越重视和连锁药店的合作，大的厂家成立了KA部门，为连锁药店提供地面促销、商品陈列、社区教育、店员培训、品类管理、文化融合等更多的增值服务。这个时候，大家都强烈感觉到，过去不打广告也能卖货，现在有广告货也不好卖，打造品牌的成本越来越高，成功的概率却越来越小。销售增长的困惑怎么破解？笔者觉得，也许，营销制胜到了需要真正考虑品类策略的时候了。塑造品牌要科学选择合适的品类，从现有的品类中挑选没有强势品牌的类别并从中突破；从第一品牌的对立面找到定位进行突破；从现有的品类中创造一个新品类从而突破；从大健康等跨界中进行突破……这些都值得策略性的尝试。

医药行业是朝阳行业，走过了一个又一个黄金十年；但身处行业旋涡的营销精英，却感觉前路艰难。在这个浮躁的年代，更需要的是内心的宁静，所谓修炼就是“精合其神，神合其气，气合其真，不得其真，皆是强名”，精气神、道法术的三合一是OTC品牌修炼的最佳策略。

从普通销售员到销售总监、营销总经理、公司总裁，从白云山和记黄埔药业到花城制药、良方药业，笔者一直执着于把经历、思考、探讨、学习看作是“知行合一”的四大要素。和行业的很多精英交流，了解他们的困惑和需求，思考总结自己的营销实践，便产生了把思考记录下来的冲动。大凡做营销的人都喜欢以结果为导向，以文字记录下来的目的其实不只是总结，更多的是想为行业留下一些借鉴。历经一年多的修改，笔者将多年来用心写作的营销文章整理汇编成书，权且当作茫茫大海的一个浮标，给每一个经过的营销人士一点指引或鼓励吧。

柯华松
2014年7月

目　录

CONTENTS

序（1）
前　言（1）

满意营销篇

营销，就是让顾客满意（2）
花城制药的满意营销之道（4）
用“爱”融化市场坚冰（7）
满意营销“三级别”（10）
倒着做通路，顾客更满意（13）
品牌是顾客满意的基础（17）
不靠企业靠顾客（17）
OTC营销需要业务化模式（18）
规模化的前提是保利润（22）
药店也是顾客（23）
目标不是营销的结果（25）
BOSS模式的成与败（28）
新GMP后医改时代：让销售成为多余（32）
营销应当回归产品（35）
工商共赢“处转非”（节选）（37）
王老吉润喉糖“单品为王”策划方案（39）
新峰药业单品突破策划方案（43）

渠道策略篇

三级渠道促通深度分销（50）
招商和自营的选择策略（54）
OTC商务策略（58）
OTC代表管理策略（61）
“PDCA”策略在区域营销的应用（66）
营销和管理哪个更重要（69）

销售增长从哪里来（71）
让深度分销走出“囚徒困境”（75）
OTC渠道应保证利益均沾（79）
省级经理的五项修炼（81）
社区市场是OTC渠道的新“蓝海”（85）
关注社区用药，对接终端需求（87）

终端策略篇

创建供应链利益共同体（92）
促销是终端服务的利器（94）
从终端拦截走向顾客拦截（96）
终端促销三大原则（99）
借道“公益”做促销（101）
白云山和黄终端“亮剑”策略赏析（一）（103）
白云山和黄终端“亮剑”策略赏析（二）（105）
白云山和黄终端“亮剑”策略赏析（三）（107）
工商合作：利益是基础，服务促感情（108）
品牌药的终端危机（110）
“A380”营销计划解码（112）
联盟组织对第三终端市场的作用和影响（115）
平价药店催生工商合作新模式（117）

品类策略篇

销售增长的困惑和突围（122）
销售赛车如何弯道取胜（126）
抓住本质方能破迷局（131）
单品为王，品牌突破（134）
浮躁暗杀品牌（139）
品牌论语（142）
大健康品类须坚守四大原则（143）
跨界大健康的思考（145）
基药品类的五大对策（146）
如何破解招标难题（148）
OTC还能怎么营销（151）

行业思考篇

药企兼并：1+1>2（158）
新版GSP落地之“困”（161）
OTC广告：大众？专业（165）
药企营销生态面临新改变（168）
专业的人做专业的事（175）

参考文献（178）

后　记（179）

满意营销篇

MANYI YINGXIAO PIAN

销售：营销的终极目的

营销，就是让顾客满意

做销售的人，想得最多的是如何把产品卖出去，并收回钱。为此可以列举很多曾经把产品卖疯了的品种、品牌或企业，但它们往往都是昙花一现便走向衰落。究其原因，大都是因为忽悠了顾客，忽略了顾客的满意指数，所以才“好景不长”。至于深层次的原因，则是因为这种销售缺乏营销策略的指导，短期行为太明显。

今天，越来越多的企业在制订营销规划时提出的口号是“以顾客为导向”，营销理论界也从过去的“以产品为导向”过渡到“以需求为导向”，并最终转到“以顾客为导向”上来了。但有多少企业能真正做到“以顾客为导向”并建立营销架构与体系，从而真心地去了解顾客，真诚地为顾客提供服务，并不断为顾客创造价值呢?

广义的顾客包括终端、商业、消费者。本文仅就药品生产厂家与终端药店如何建立让顾客满意的营销模式谈谈一已之见。

企业要有愿景和文化，营销要关注战略。营销战略，首先是“选择正确的事情去做”，而不是“把事情做正确”。罗伯特·卡普兰的平衡计分卡（简称BSC）是将公司的营销战略转化为具体行动的工具。它聚焦于四个目标层面：财务目标、顾客满意、内部流程、学习与成长。各个目标之间互为因果、层层递进，即企业要实现财务目标首先必须让顾客满意；要让顾客满意，则需要匹配的内部流程作支持；相匹配的内部流程需要能胜任的员工去执行。反推之：假如企业使用合适的能胜任工作的员工，使员工恰当地做正确的事，则会让顾客满意，那么企业就会实现财务目标，并得到持续发展。

对于药品生产厂家和药店的商业合作策略，我们可以这样设想：

厂家所销售的产品必须有过硬的品质；有了过硬的品质，才能建立良好的品牌；有了良好的品牌，才能向顾客提供有价值的优质服务，让顾客满意；顾客满意了，才能实现销售并获取利润；企业有了利润才能够不断创新，研制出更好的产品，从而造福更广大的顾客。反之亦然。如此循环往复，生生不息，生机勃勃。这就是让顾客满意的基本营销模式。

品质

关键词：质量　疗效　研发

药品是治病救人的，疗效才是硬道理。优秀的药企总是孜孜以求地改进生产工艺，提高药品疗效，制定高于国家药典标准的内控标准，不断开发新剂型，如无糖型、浓缩丸、缓释片等，不断研发能解除顾客疾病的新品种、新品规，如儿童装、专利药等，以获取顾客的认同，使顾客满意。

产品品质是品牌的基础。没有真材实料的产品是走不远、卖不久的，也是没有价值的，最终总会被顾客唾弃。药店只有采购高品质的产品才能吸引和留住顾客，才符合GSP、GPP的要求。

品牌

关键词：传播　服务　动销　责任

酒香仍需勤吆喝。不要因高品质而孤芳自赏，大品牌更需要高销量支撑，只有强大的销量，才能支撑强大的品牌。有人说品牌是船，销量是水，水涨才能船高。药店更关心产品是否动销，是否能实现从产品到商品的“惊险一跳”。

为了产品动销，为了创建品牌，除了广告，药品生产厂家还应和药店一道开展品牌推广活动，如安全用药、公益赞助、关爱弱势群体、产品过期回收等诚信、公益活动。

顾客

关键词：认可　感动　价值

产品必须具有好的品质方能建立好的品牌，有好的品牌方能吸引顾客，并获得顾客的认同与持续购买。顾客的需求恰如“弱水三千，只取一瓢饮”，只有感动顾客才会让顾客满意。药店门口的雨伞架、体重秤，柜台上的一束花、一盘小糖果，休息区一本让顾客坐下来可随时阅读的杂志，儿童乐园区一场别开生面的比赛活动……无一不体现着药店留住顾客的苦心，也体现了药店对顾客的关怀。

代煎代购、送货上门、买赠折扣已是药品厂商服务顾客的常见方式，而建立健康档案、提供健康管理、提升会员价值等正成为新的竞争要素，因为后者让顾客更能体验到服务的价值。

创新

关键词：流程　管理　模式

管理大师德鲁克认为，企业只有两个功能，而且只有这两个功能——营销和创新。有营销和创新才能有成效，其他的都是成本。

创新，关键是模式创新。当别人在广告战、人海战中泥足深陷时，你发现了终端拦截顾客的模式；当大卖场越开越大时，你发现了社区便利店的发展模式；当价格战、促销战黔驴技穷时，你创新了会员营销大健康服务模式……于是，厂商合作就更紧密了。

创新，并不是要一天一个样，而是要聚焦资源、集中优势兵力，将创新模式做得更好、更完善。

利润

关键词：价格　关联销售　品类管理

“商人无利不起早。”企业的最大任务就是盈利，利润是企业生存和发展的根本。

厂商合作，构建利益共同体，共同分享价值链上的利润，双方才能持续发展。价格是影响利润的一个重要因素，但更重要的是厂家能否在市场上稳定品牌品种的销售价格，药店能否不以品牌品种作为价格战的撒手锏来吸引顾客或要挟厂家，评估的标准是能否让顾客满意、让合作方满意。要顾客满意，就要保证其需求的充分满足和消费的便利性；要厂商合作满意，就要双方均能分享到利润。

品类管理是厂商合作中比较有效的一种盈利模式。对于药店来说，无论是提供陈列、促销、首推等服务让销量上台阶从而获得更多厂家的支持和分利，还是开展贴牌、自营、代理等深层次合作，药店都将获得更大的获利空间，都能增加满意度。

关联销售能为顾客提供更多、更优的选择，同时也能为药店增加利润。当顾客购买心脑血管产品时，药店可向其推荐高血压药物、降血脂药物，为顾客提供一套治疗方案，前提是必须符合药物经济学的药品组合原则；或当顾客购买某一类产品时，有针对性地向其推荐同类产品，例如顾客在购买板蓝根颗粒时，向其推荐小儿板蓝根颗粒、不含糖板蓝根颗粒，甚至复方板蓝根颗粒等。“规模分摊成本，结构产生利润”是当前厂商合作的一种必然趋势。

有人说，销售就是管理顾客的行为。因此，顾客就是企业的资产，顾客就是终端；营销就是创造并满足顾客的需求，就是让顾客满意。让顾客满意的五位一体模型之品质、品牌、顾客、创新、利润，尽管其中任一项仍可分解为若干项，并将不断被赋予更新、更多的内涵，但只要沿着这一模型的思维途径进行不懈的努力，就能打开一片蔚蓝的营销天空。

（作者：柯华松，原载于《医药经济报》，2008年5月14日）

花城制药的满意营销之道

成立于1971年、至今已有38年历史的广州花城制药厂（简称花城制药）在2009年骤然发力，在品牌、分销和服务上全面提速。年届“不惑”的花城制药似乎获得了一种顿悟，在不明就里的同行眼里，留下了一个深刻的印象：“花城制药就要有大动作了。”

事实上，花城制药的这一系列重大改变离不开一位职业经理人的空降，原广州白云山和记黄埔中药有限公司副总经理柯华松的到来为花城制药注入了全新的营销思路，一举打破了花城制药沉默多年的自困。

但是，更值得人们思考的是在医院增长22%、基层卫生医疗单位增长42%，而零售药店增长仅为13%的2009年，花城制药倾注如此大的心血做零售终端，是否为明智之举？面对疑问，其营销中心总经理柯华松表示："虽然大环境不利，企业自身基础薄弱，但花城制药要实现的正是弯道超车。”

弯道超车

柯华松在1月份来到花城制药时，花城制药的年销售已达到1.2亿，但销售队伍全国只有8个人，根本谈不上分销和服务。这令做了几十年销售的柯华松颇感纳闷，细查一下才发现，在1.2亿的年销售下，有1 800万的应收账款、600万的近效期药品以及一千多万元未来得及兑现的营销费用，还有至少5 000万的库存。柯华松从来没有想过压力会如此之大。紧迫的形势催逼下，一个庞大的改革计划在柯华松脑海里形成——弯道超车。

可是，弯道超车最重要的是车要好、动力要足，一直疏于做品牌的花城制药恰恰缺乏迅速提速的动力。更何况弯道超车同时还讲究驾驶技术，花城制药虽然在2009年以迅雷不及掩耳之势壮大了销售队伍，但其中大部分都是广州医药院校的应届毕业生，无法承担沉重的销售任务。

“我们可以说连驾驶证都没有。”柯华松自嘲道，“想当初，他们是来花城制药实习的，我们一看不错就招进来了。他们别说没有工作经验，就连企业培训都不能保证，因为他们时常要回学校写毕业论文以及做一些实验，跟招有工作经验的人不是一回事。”

然而，正是在这样的艰难条件下，只经过短短几个月的改造，花城制药就已呈现良好的发展态势：库存基本上消化掉了，1 800万的应收账款只剩下一百来万，销售收入由去年上半年的6 000多万提高至9 000多万，同比增长了50%，人员由8个人迅速发展到上百人。最大的转变是由原先的先发货后收款转变为先收款后发货或者现款现货。“预计今年年底能够实现销售1.8亿元。”柯华松说。

品牌针线盒

“品牌针线盒”是花城制药的创新性思维。

针：针即针对性，或者说定位。花城制药拥有非常齐全的抗感染中药品种：治疗感冒的、清热解毒的、化痰的、止咳的，以及退烧的。柯华松认为这既是花城制药的优势，也是可以利用的突破口。花城制药完全可以借助在抗感染方面的专业，使人们在提到抗感染药物时第一时间想到的就是花城制药。因此，柯华松将花城制药定位为“中药抗感染专家”。

“当然业内也有一些大型企业，因为有多年的积淀，别人已经知道或者习惯他什么都做，但花城制药不是这样，需要一个精准的定位。”柯华松说。

在确定了企业定位之后，花城制药开始聚焦：聚焦传播、聚焦顾客、聚焦区域和聚焦品种。为聚焦传播，花城制药模仿“过期药品回收”的做法首创了“为环保为健康，空瓶空盒可换药”的营销手段。

起初，这一手段受到业内很多人的质疑，认为他们只是在拿过去的老方法来炒作，但柯华松坚信：中国有3.5亿个家庭，而每个家庭平均至少有6个空药盒。如此计算，中国家庭至少有21亿个空盒，如果一年回收10亿个空盒，便可以做成很多A4纸，供1 000所希望小学使用10年。柯华松的这一概念引起了媒体关注，此举一推出就收到强烈的媒体反响，可谓一炮打响。

业内有人戏称，花城制药的品牌比过去强多了，今年十个月的新闻报道的见面率比过去几十年的总和还要多。毫无疑问，花城制药正在走向品牌之路。

此外，花城制药将顾客聚焦在18～48岁中青年消费者身上，将区域聚焦在包括河南郑州、广东的粤东和粤西、川渝的内江以及重庆等在内的主销区域，并将品种聚焦在祛痰止咳颗粒和猴耳环消炎片上，明确了产品和市场定位。

线：线即连贯性，包括对方针政策的坚持，突出体现在一个“连”字上，承上启下，始终如一地围绕目标做好一件事，通过量变的积累过程达到质变的结果。事实上，花城制药2009年坚持围绕定位开展传播、服务和体验活动，收到了显著成效。

盒：“合”的谐音，意即整合。通过整合资源，实现营销目标，包括整合客户资源、整合市场资源、整合公司资源以及整合人力资源四个方面。

三大服务工程

除了明确企业多方面的定位，对客户的服务成为花城制药又一创造性的举措。花城制药通过三大工程推动服务质量的提升。

花城会馆：本着双方自愿的原则，在百强连锁药店的重点门店或当地强势品牌的零售药店创立花城会馆，为顾客提供服务。

花城制药还联合药店与当地媒体成立“花城中药抗感染专家”热线，聘请抗感染专家回答消费者或者患者咨询，倾听消费者声音，加强三方沟通及体验；此外，不定期聘请药店坐堂医生（药师）为消费者提供一站式健康服务，在指导合理用药的同时，提供改善饮食、保健养生、预防疾病等健康服务。

花城月票：在设立花城会馆的药店及其他重点药店，推行花城月票。顾客凭花城条形码即可充值，每月不定期在指定药店凭花城药品的空瓶空盒换购药品。

之所以冠以“月票”之名，柯华松认为是因为其能够给消费者一个“长期不变”和“免费”的概念。

花城健康志愿者服务队：通过药店、医院、协会、网站招募退休名老中医或大中医药院校的学生，联合卫生局、红十字会、街道社区为消费者提供义诊、安全用药、合理用药、健康咨询等公益服务。花城制药与药店或社区医疗服务中心联合，让花城健康志愿者服务队走进社区，加强与顾客的沟通，紧密与药店的关系，从而提升销量。

其实，花城制药的创新营销思维更多地体现在每一环节的具体实施当中，与众不同的销售理念令花城制药在短时间内组建起弯道超车的引擎。据了解，为使引擎安全运转，花城制药还建立起一整套详细的内部流程：组织架构上明确了不同部门的不同职责，同时细化了《办事处管理制度》、《OTC量化考核制度》、《营销过程管理考核细则》和《营销方案》等制度，并建立了《推广会议操作规范》、《服务部管理流程》、《费用报账流程规范》、《花城月票标准作业手册》、《桥头堡标准作业手册》、《广告申请执行规范》等流程规范。

花城制药的创新营销迅速起效，随着品牌的成长、服务的回归、流程的建立以及营销团队的壮大，花城制药必将发生质的蜕变。

（作者：王军，原载于《中国药店》，2009年12月上半月刊，原题为“创新营销打造新‘花城’”）

用“爱”融化市场坚冰

2009年4月23日，第61届全国药品交易会在郑州拉开大幕。

在人流涌动的药品交易会现场，一家参展企业别出心裁的宣传方式引来了无数关注的目光：给每位到场的女士赠送一枝玫瑰。

这家企业就是广州花城制药厂。“玫瑰代表爱。”花城制药营销总经理柯华松说，送玫瑰是为了表达对客户的爱心和感谢。花城制药一向秉承“为爱为健康”的企业原则，“爱字当头，无往不胜”。

坚持倡导“中药抗感染专家”

花城制药虽然进入中原市场时间不长，但他们做“中药抗感染专家”的企业战略，却早已为中原百姓耳熟能详。

2003年“非典”之后，中药的安全性和作用受到了人们的广泛认可；2004

年，世界卫生组织向中国发出警告，要求中国重视因抗生素滥用造成的聋哑等危害问题。之后抗生素在我国药店开始实行凭处方购买的政策，医药界迅速刮起了使用较安全的中药抗生素的热潮。

然而，热潮并未持续太久。花城制药营销中心总经理柯华松分析说，“清热解毒中药相对安全”这一观点虽然已经为众多消费者所认知，但由于抗生素长期以来的广泛运用，一部分人群形成了有炎症用抗生素的固定用药习惯。同时，中药作用比较弱、起效比较慢的特点，也在一定程度上影响了消费者的购买欲望。因此，随着热潮消退，当时一哄而上准备分享“清热解毒中药”这一大蛋糕的药企纷纷偃旗息鼓。

“但中药相对安全、副作用小以及价格相对便宜的优势，是一直都存在的。”柯华松说。因此，花城制药一直不离不弃地坚持中药抗生素的研发和生产，并且提出了做“中药抗感染专家”的发展战略。

当初的坚持如今已经收到了回报。该厂研制生产的“抗感染三剑客”——猴耳环消炎片、祛痰止咳颗粒、抗病毒口服液，已经成为国家中药保护品种；复方感冒灵片在全国同类产品中销量最大……柯华松介绍，对于OTC中成药来说，药材地道向来是产品质量的基本保证，而产品品质也是中药抗感染专家的核心理念。“猴耳环消炎片是由粤北独有药材猴耳环单方中药经独特的制作工艺精制而成的。自1985年正式上市以来，我们一直不断加大科技研发投入力度，并保持与重点院校、研究院所的紧密合作，就是为了保证品质超群。”

口碑：“空瓶空盒可换药”换来消费者的口碑

金杯银杯不如消费者的口碑。

在金融危机导致人们消费能力下降的时候，为了减轻消费者的用药负担、承担起企业应有的社会责任，从2009年3月12日起，花城制药正式启动了“空瓶空盒可换药”统一行动。

在全国500家指定药店内，消费者只要凭相关联品类药品的空瓶空盒，就可到指定药店免费换领价值10元以上的清热解毒类、祛痰止咳类花城牌药品一瓶（盒）。

在郑州，参加此次活动的是张仲景大药房的三家连锁门店和老百姓、健康人等连锁药店。

活动从15日开始，当天就有许多消费者拿着家里过期的清热解毒药品或者空药盒来换取新药。活动现场，消费者都对该活动交口称赞：清热解毒药品是家庭的常备药，这个活动让大家手里的空盒或过期药“变废为宝”了。

企业如此出钱出力，而且只要凭相关联品类药品的空瓶空盒，就可换到全新的花城牌药品一瓶（盒），站在企业的角度，不怕“亏本”吗？对此，柯华松表示，这个活动带有公益性质，目的不是为了销售，而是为了履行花城制药“为爱为健康”的企业使命和“让顾客更满意”的企业愿景。

“空瓶空盒可换药”将作为企业的长效机制坚持下去，每月至少有一次统一换领行动，并将不断升级，把“空瓶空盒可换药”工程建设成为人民群众满意的服务工程。柯华松还说，为了实践满意营销，今年，花城制药共投入2 000多万元构建让顾客满意的三大服务工程：花城会馆、花城月票、健康志愿者。目标是努力为广大消费者的安全、合理用药构筑起一道防火墙，使家庭的用药负担，特别是中低收入家庭的用药负担得到极大的减压，减少因病致贫的沉重经济负担，承担起制药企业应有的社会责任。

大爱：出现在国人健康受到威胁的每个时候

今年2月23日，花城制药向郑州铁路公安处赠送了价值10万元的祛痰止咳颗粒，为常年露天工作、患呼吸道感染疾病可能性极高的铁路公安干警献上了一份爱心。同一天，他们还到郑州市解放路劳务市场，向在那里求职的人们捐赠了价值近10万元的板蓝根、祛痰止咳颗粒等抗感冒药品。

这并不是花城制药在郑州、在全国的首次爱心服务。柯华松介绍，花城制药长期关注公众健康，一向热心公益事业。

2008年“5·12”大地震之后，花城制药在第一时间向灾区捐款捐物，并携带药品赶到重灾区青川县擂鼓镇，成为震后第一家进入灾区的企业。

今年春季以来，灾区忽冷忽热的气候使流行性感冒、急性支气管炎等呼吸道传染病趁机而入。考虑到灾区群众目前正处在重建阶段，医药费对他们来说也是不小的负担，3月27日，花城制药再次带着价值3万多元的抗感染中药，来到擂鼓镇板房区中心广场免费送药，还请来医疗专家在广场义诊，免费为群众服务。

4月2日，花城制药在安徽阜阳，向红十字会捐赠了价值6万元的预防手足口病的药品。

地震、手足口病、流感……

安徽、西安、长沙……

在危难到来的时候，在人们健康受到威胁的时候，都会有花城制药的关爱。一个年产值不过5亿元的中小型药企，常年致力于爱心公益事业绝非易事。但柯华松认为，“承担社会责任，不在于企业的大小，而在于你是否真的有爱心”。

未来：新医改，机遇与挑战并存

2009年4月20日，借第61届全国药品交易会在郑州举行的东风，由花城制药营销中心主办的“新医改下中小药企的机遇与挑战”先锋论坛在郑州举行。

这是中小药企就新医改对企业的机遇与挑战召开的首次先锋论坛，共有花城制药、广东一力等厂家和河南张仲景、郑州仟禧堂等30多家医药零售企业参与。

作为中小型医药生产企业，在新医改实施的背景下如何抢占先机，成为医改新政的受益者？这成为讨论的焦点。

对此柯华松和他的花城制药胸有成竹：中小型医药企业在新医改的背景下，必须在某一个领域做出特色。中小企业必须有一个明确的品牌定位，有明确的定位才能拥有一定的消费人群，才能使品牌成为驱动企业成长的核心力量。花城制药着力于打造“中药抗感染专家”，致力于清热解毒类、化痰止咳类等抗感染中药的研发推广。

据了解，提出“中药抗感染专家”这一全新理念的花城制药，一直致力于中药抗感染药物的研发和生产，其国家中药保护品种——猴耳环消炎片、祛痰止咳颗粒、抗病毒口服液等产品就是中药抗感染类产品的杰出代表。

而在业内人士看来，花城制药之所以能够全力打造“中药抗感染专家”，其优势首先在于产品线比较丰富，有消炎的，有清热的，有感冒的，有止咳的，有化痰的。像复方感冒灵片是全国同类产品中销量最大的；花城抗感染三剑客——猴耳环消炎片、祛痰止咳颗粒、抗病毒口服液等中药抗感染类产品，避免了抗生素滥用导致的细菌耐药、耳聋等严重不良反应。

此外，该公司生产的系列产品拥有片剂、胶囊剂、颗粒剂、丸剂、合剂、糖浆剂、煎膏剂等七大剂型，可以满足不同消费者的需求；而从公司综合实力来看，花城制药集科研、设计、生产、销售、服务于一体，在保证品牌的同时，这几年一直致力于市场营销模式的创新，注重加强对消费者的增值服务，这些都足以支撑“中药抗感染专家”理念的打造。

（作者：王惠丛、张峰，原载于《河南商报》，2009年4月27日）

满意营销“三级别”

企业要持续健康发展，必须要有优质的产品（服务），有了良好的产品品质，才能建立良好的品牌；只有为顾客提供优质的服务和价值让渡，才能让顾客满意；只有顾客满意才能实现销售的持续增长并创造利润，企业有了利润才能不断创新，研制出更多、更新、更好的产品，满足顾客，造福社会。反之，如果企业不能创造利润，就无法研制、生产优质的产品；没有优质的产品就不可能创建品牌；没有良好的品牌，就难以吸引顾客，更难以令顾客满意；企业没有利润，创新就会成为无源之水、无本之木。因此，保证产品有过硬的品质，创建优秀的品牌，让顾客满意，创造更大的价值，是营销工作让顾客满意的“五力模型”。

所谓顾客，当然包括供应链的各个成员，即制造商（股东、员工）、供应商、分销商、零售商、政府、媒体、公众等。笔者仅从厂家与分销商（渠道）如何建立让顾客满意的营销模式角度谈谈一己之见。

纵观历史，厂家与商家的博弈从没如此激烈过，特别是普药企业，厂家未能按时返利，为了压货开空头支票、商家跨区窜货、终端低价诱客等现象屡见不鲜。你追求销量我要求利润，你要求规范我追求自由，理念的差异使双方都满意的目标越行越远。但随着市场竞合游戏规则的演变，随着商业资本的壮大而不断增加话语权，共同构建厂商满意的目标逐渐成为大家的共识与行动指南。

初级满意：品质+品牌

国家监管严格了，市场竞争残酷了，顾客消费理性了，厂家为商家提供优良品质的产品，确保安全有效，减少商家类似销售“齐二药”所带来的风险与损失，是厂商合作的必然基础。拥有优秀的品牌为双方长久的合作奠定了基础，因此，只有拥有品质和品牌才能使分销商达到初级满意。

中级满意：顾客+利润

品牌创建非一朝一夕之功，但很少会有企业认为自己的增长已到了天花板，因而内部过于宏伟的目标与增长的压力常常使很多厂家把分销商作为“蓄水池”。为了短期内完成销售指标，部分企业过度地给大客户政策压货，收到货款即变为“甩手掌柜”，万事大吉，很少对分销、促销进行政策支持。一旦“蓄水池”存满，产品批号变旧，市场价格倒挂，就会加剧分销商甩货行为从而导致恶性循环，分销商也会更加不满意，而输家归根到底是厂家。因此，厂家必须为分销商寻找顾客，帮助分销商把产品卖出去，形成良性的生意循环体系，这样才可能让客户感到中级满意。

分销：通过三方协议，帮助客户分销。提高经销商出货速度的决定因素是分销，也就是要提高铺货率。其实，分销做得好的厂家中，有60%以上的货物是通过厂家的销售人员帮助经销商分销出去的。

助销：厂家的销售人员通过拓展自身的和经销商的网络平台，寻找、培训、影响销售人员，帮助客户分销产品。

促销：要提高分销效率，要让经销商满意，厂家必须动用资源，不仅针对二、三级客户及终端出台促销奖励政策，还要针对供应链最末端的消费者进行促销，才可以周而复始，循环往复，货如轮转。

促销不止于钱、物的优惠，更在于高附加价值的让渡，为消费者提供个性化的服务，如建立健康档案、提供健康管理、充当家庭医生、指导安全用药等，将成为让消费者满意的有效举措。

高级满意：创新的利益共同体

企业只有盈利才能发展。目前，医药市场“好卖的品种不赚钱，赚钱的品种不好卖”成为一种常态。要让经销商满意，必须让经销商赚钱，要像关心销量一样关心经销商的利润。

价格是影响利润形成的重要因素。在目前的市场环境下，商家调拨价往往大大低于厂家的供货价，这怎么盈利呢？厂家要保证经销商的利润，首先要维护好市场价格，维护市场价格必须从终端药店做起，特别是大型连锁药店、KA店。当然，这离不开一支强大的、有执行力的终端队伍。

要实现可持续的销售量增长，要让经销商达到高级满意，厂商之间建立利益共同体是根本保障。稳固的利益共同体应包括：

（1）厂商之间有共同的愿景与理念，高层定期会晤，推进战略合作。

（2）有共同的利益与价值，建立紧密型或者相对排他性的合作，业务链高度对接，执行层互相合作，共建团队，共享平台，不仅是资金流、物流层面的合作，还加强信息流的沟通与共享，提高市场快速反应能力。

（3）战略型的创新合作模式。在多、乱、小、杂的医药经销商的“红海”里，每个经销商都为规模与利润心力交瘁。若厂家能为经销商开辟“蓝海”，经销商则既高兴又满意。若厂家拥有一类前景广阔的新药让经销商有所期待，或创新一种营销模式让经销商驶入“蓝海”，或独家垄断某社区的配送，或运用“田忌赛马”法则为经销商调整产品结构创新盈利模式……凡此种种，都能为提高双方的满意度加分。

帮助客户发展生意，维护和创造利益，创造高于商业资本的报酬率，形成良性循环，持续成长。

厂家要让分销商满意，关键是要建立独特的创新的商业模式，而这一种模式在企业内部必须是简练、规范和可复制的，而且是符合双方共同价值需求的，其分销价值链是有序、高效和统一的。在目前中国的普药及OTC市场，深度分销的三级渠道管理、分销价值链的利益共同体模式是较好的选择。

从“购买”开始到“重复购买”再到“反复购买”，从“顾客”到“回头顾客”再到“忠诚顾客”。让顾客满意的最终目的是为了培养忠诚顾客。一个成功的企业要发展必须拥有大量的高度满意的顾客和忠诚顾客。

相关链接

满意营销：顾客通过一个产品所获得的所有利益与他们的期望值相比较后所形成的感觉状态。顾客满意的理论基础是让渡价值理论。

以顾客为导向更多的是以顾客的满意来定义质量。质量必须起始于顾客的需要，结束于顾客的满意。

顾客满意＝顾客获得÷顾客期望。

顾客让渡价值＝顾客总价值－顾客总成本。

实现顾客满意的营销对策：确定目标顾客、增加顾客价值、降低顾客成本、提高顾客忠诚度。

营销就是在某种利润水平下让顾客满意。

满意营销体系：

（1）目标是前提：满足顾客期望，合理制定目标。

（2）分配是关键：供应链的各链主应得到合理的利益。

（3）政策是导向：策略和行动方案是战术。

（4）分销是基础：分销或服务是顾客的直接体验。

（5）利益是保障：真正得到利益才能坚持下去。

（6）队伍是核心：不断学习成长的团队。

（7）顾客是终端：顾客认同才能形成品牌。

营销的两个目标：

（1）向顾客承诺产品高质量来吸引顾客。

（2）让顾客满意来留住现有顾客。

（作者：柯华松，原载于《医药经济报》，2008年9月29日，
原题为“营销满意‘三级别’”）

倒着做通路，顾客更满意

哪怕是确诊了我国首例甲型H1N1流感病例，药店的抗病毒药物和口罩等相关产品也没有像2003年“非典”时那样销售火爆，全国30多万家药店（不论是平价店还是社区店）的交易比较平静，甚至略显清淡，只有会员日的人气好一些。终端如此，厂家业务员可着急了，这销售指标怎么完成？OTC该怎么营销？特别是如何应对新医改对终端格局的改变？

增员打破OTC防线

越是平静的市场越见厂家营销的功力。在产品、营销同质化的OTC市场“红海”里，服务已经是一种生产力，通过服务与竞争者切割，通过服务使消费者忠

诚，树立厂家的差异化定位，从而获得比较优势而胜出。

广州花城制药厂是一家中药抗感染药物专业化生产厂家，其产品丰富、品质卓著，但由于错过了“非典”之机，以及受企业内部诸多因素的掣肘，企业规模仅2亿元，传统的国企模式又使企业成本居高不下，产品单价仅次于市场上的品牌产品，在非品牌产品中属高价格。

后来，该企业成立了营销中心，改变了营销模式，提出了以“满意营销”为核心指导的营销战略。经过近半年的运作，公司的销售收入同比增长50%，大大提升了顾客满意度。特别是此次甲型H1N1流感爆发，企业在第一时间投放类似公益广告的产品宣传，提示消费者面对病毒变异时预防重于治疗，强调中药消炎加抗病毒联合用药疗效更好。更重要的是，企业在终端及顾客服务上坚持满意营销，构建以“让顾客更满意”为宗旨的三大服务工程，近日更是推出配合终端的系列活动，组建近60人的宣传突击队，在地铁沿线的药店派发几万张宣传单及试用装药品，大受市民欢迎，一改过去广州大部分药店只销售高价品牌药和低价进货的药店首推药两种抗病毒口服液产品的局面（此前，该企业的抗病毒口服液就由于价格不上不下处于尴尬地位）。

企业要在狭路中杀出一条血路，除了要有勇气，还必须要有与众不同的或比较强的竞争优势。面对新医改、面对金融海啸，大部分企业采取收缩裁员策略，该企业反而扩张增员，通过服务让顾客更满意，打破了高价品牌药与低价首推药筑起的OTC内外防线，成功确立了市场地位。

顾客满意才能共赢

满意营销就是以市场为导向，以顾客为中心，通过产品的可感知效果趋向达到或超越顾客预期的营销活动。满意营销就是把营销做到让顾客更满意。

顾客满意是指顾客通过一个产品所获得的所有利益与他们的期望值相比较后所形成的感觉状态。顾客满意的理论基础是让渡价值理论，即顾客的总价值减去总成本，当顾客获得超过其期望值的价值时，顾客就满意了。所以，要实现顾客满意就要确定目标顾客，增加顾客价值，降低顾客成本，提高顾客忠诚度。医药市场前几年的平价风暴、如今盛行的高毛利首推都是对供应链价值矫枉过正的作法，前者使供应链上游的生产厂家特别是品牌品种受到极大伤害，后者使供应链下游的消费者利益得不到很好的保护。纵观OTC市场，笔者深深感到，营销成功的关键在于供应链上的每一个链主是否得到了合理的利益，或者期望的利益得到了多少满足。

那么，什么是真正成功的商业模式？使顾客满意，同时使企业赚钱。要使顾客满意，就要让顾客体验，创新顾客价值。谁来创造、发现、满足顾客的需求？当然是供应链上的每一个人。处于供应链上游的厂家对供应链价值掌握了更多的话语权，要做到让顾客满意，就要让消费者、零售商、分销商都得到合理的利益，让每一个企业都赚到钱，才能和平共处，共同发展。因此满意营销的两大支持体系是在品牌建设的基础上构建利益共同体和三级渠道管理，实现的路径是倒着做通路，最终目标是让顾客更满意。

两大体系搭建满意营销

利益共同体不仅要顾及各链主的静态利益分配，还要兼顾各链主的动态利益分配，与客户一起规划区域市场运作策略。整合市场资源与投入，加强对消费者的教育与沟通，共同开展铺货、动销、持续动销、促销推广、终端包装，提高终端拉力；规划售后服务，指导培训经销商，向经销商输出文化、管理、信息、策略；建立沟通机制，日常业务流程高度对接，营销资源市场信息高度共享……总之，盈利空间、终端促进、技术支持、沟通机制是利益共同体的四大核心内容，从根本上，厂家要做各链主的管理者，优化结构、功能互补、协调冲突、提高效率，把客户关系由业务交易型转变为服务型，由价格型转变为价值型，从顺着做通路到倒着做通路，从渠道拦截到顾客拦截。利益共同体的核心是各个链主、各个价值环节利益的合理分配和共赢。

医药工业要想将产品销售到顾客手里，需管理好一级经销商、二级分销商和三级促销商（终端），充分发挥每一级渠道的作用，科学维护每一级渠道的利益，使产品在通路中能顺畅和谐地流转，直至到达消费者手上。

一级经销商指直接在医药工业开户，签订一级经销商年度购销协议快批的医药商业企业。选择一级经销商的关键是看配送能力、资金实力和发展潜力，关键词是“适合”。

二级分销商指与一级经销商签订二级分销年度购销协议，通过其与一级经销商发生经销业务关系的以快配为主的商业企业。选择二级分销商的关键是看网络覆盖力、运营管理力及发展特色，关键词是“差异”。二级分销商的数量至少应是一级经销商的3倍。

三级促销商指与一级经销商或二级分销商签订三级促销年度购销协议，并通过其与之发生购销业务关系的重点零售（连锁）企业。选择三级促销商的关键是看单店销量、品牌影响力，关键词是“合作”。全国有30多万家药店，能发展并管理好3万家三级促销商就比较理想了。

一级经销商是医药工业的产品“蓄水池”，承担着旱涝保收款的责任，必须保证合理的库存量；二级分销商是产品通达各区域、阡陌纵横的“水管”，起到泄洪的作用，重点是不淤塞、要流畅；三级促销商是产品到达消费者手上的最后环节，即“水龙头”，只有“水龙头”保持长期打开，产品才能顺畅流动，进入千家万户，使深度分销落到实处。

帮客户卖产品

利益共同体保证了客户的经济利益，即让客户赚到了钱；三级渠道保证了厂家的销售回款。因为能分销，客户就愿意回款，能回款厂家就会加大投入。倒着做通路从营销角度是从消费者的工作开始，从渠道的角度是从终端工作开始，归根到底是帮助客户把产品卖出去。

铺货是一件极容易又极困难的工作。因为只要付得起钱，就不怕铺不了货，在二级城市或第三终端，通过推广会等形形色色的会议也可以铺很多货。但面对首推策略下的特大型连锁，有时付钱也不一定能铺货，更痛苦的是付钱铺了货后，不畅销还时刻有下架的危险，而且产品批号变旧还会给厂家造成更大损失。很多中小药企总以为铺货要先从小药店开始、从容易的开始，结果浪费了大量人力、物力，销售却没有大的起色。

其实无论新医改或新政策导向，市场环境都告诉我们：连锁寡头已经出现，终端销售集中趋势明显，企业要实现销售目标，必须和大连锁、大卖场合作。以上述企业的抗病毒口服液为例，通过倒着做通路，加强服务，以促销、动销、服务成功突破大连锁的底线，而最直接、最有效的服务便是促销。其实“月月有主题，天天有促销”的费用相对于广告费用可谓九牛一毛，却能让药店和顾客实实在在地感受到促销服务带来的价值。

成立促销突击队，三人为一组，对想铺货的大药店、已铺货的大卖场、要铺货的大连锁或开展促销买赠活动，或到社区开展健康教育，或在人流量大的地方免费派发产品试用装及传单等。总之形成一种影响力，让顾客追着店员买产品，改变过去旧模式中OTC代表按区域或按药店划分的跑店方法，形成团队合力，聚焦服务。

花城制药在加强与顾客沟通方面别出心裁，构建使顾客满意的三大服务工程：花城会馆、花城月票、健康志愿者。特别是花城月票的空瓶空盒可换药的差异化服务，即持有花城月票的消费者可以凭药品的空瓶空盒换领企业产品，不仅提升了企业的社会责任，帮助贫困职工及低收入家庭减轻了用药负担，而且拉近了与消费者的距离，为企业树立了良好的形象。

价值是产业社会的唯一原则，服务是商业社会的重要精神，服务体现价值。满意营销不是靠一招一式、一时一事的机会成功，而是靠持之以恒并不断创新的服务体现价值。目前的OTC营销难有突破，唯有建立自己的差异化竞争优势才可以走下去，中小药企尤其如此。

（作者：柯华松，原载于《医药经济报》，2009年6月25日，原题为“满意营销：倒着做通路”）

品牌是顾客满意的基础

营销越来越关注顾客了，特别是快消品，而OTC的营销是最接近快消品的营销。顾客是资产，顾客是终端；有了顾客，就有了市场。问题是，顾客越来越挑剔，越来越难以令其满意及感动，如何赢得顾客是OTC营销的核心及难点。

其实，顾客不关心企业，企业只是一个法人实体，就像我们不知道脑白金是哪个企业生产的，不知道褪黑素就是脑白金一样。顾客只关心品牌，品牌的首要功能在于简化顾客的选择，通过占据潜在顾客的心智，实现产品的销售和服务。因此，如何占据顾客的心智、成为顾客心中的首选才是营销努力的方向。

（作者：柯华松，原载于《医药经济报》，2009年9月21日，原题为“顾客只关心品牌”）

不靠企业靠顾客

除了顾客的易变及难以满足外，产品同质化、信息多元化也使占据顾客心智成为营销难事。只有成为某个品类的第一、成为细分市场的第一才能牢牢进入顾客心智。一旦顾客有需求，就会首先想到购买你的品牌，这就是定位。定位就是要创造竞争的差异性。

三九复方醋酸地塞米松乳膏在市场上遥遥领先竞争对手，零售价格也是最高的，顾客为什么会选择它呢？并不是因为它是深圳南方制药厂生产的（很多顾客分不清南方与三九的关系），也不是因为它是“三九”牌（白云山也是驰名商标），而是因为它是“三九皮炎平”。顾客要止痒，首先想到的是三九皮炎平，而不是复方醋酸地塞米松乳膏。一方面，因为之前的市场教育让顾客知道止痒去痕快首选皮炎平，皮炎平是三九皮炎平好，有几个顾客能记住“复方醋酸地塞米松乳膏”这长达10个字的药品名称呢？另一方面，南方制药厂仍在不断地教育影响顾客，牢固地占据了顾客心智，成功地向顾客“预售”了产品。

另外一些例子也从侧面说明产品品牌不是成功的品牌策略，唯有像钉子一样占据顾客心智资源的品牌策略才是成功的。河南宛西制药厂的仲景牌六味地黄丸，企业名气比不上北京同仁堂，但销量比同仁堂大、售价比同仁堂高，因为它在顾客心智中占据了“药材好，药才好”的资源；湖南九芝堂的六味地黄丸销量也不错，因为它占据了不含糖的六味地黄丸的顾客资源，顾客明白要买不含糖的六味地黄丸就买九芝堂的。广州花城制药厂的名气也不大，但其生产的复方感冒灵片价格却是全国最高的（供货价2元多，其他厂家都是1元左右），销量也是最大的，因为花城复方感冒灵占据了顾客的心智资源，质量是最好的。

不依靠企业，而是依靠顾客，把4C当作市场营销的起点，把4P当作顾客价值的终点。聚焦一个定位，成为品类的代名词，占据顾客心智，最终赢得市场。

（作者：柯华松，原载于《医药经济报》，2009年9月24日）

OTC营销需要业务化模式

我国的OTC市场经过近十年的发展，市场规模从100多亿元发展到了接近500亿元，占全国药品销售总量的20%左右，而且仍在不断扩大。众多药企面对这诱人的蛋糕，祭出各式各样的法宝，抢占地盘，一些企业已培育了一支遍布大江南北的OTC队伍，成就了一方霸业。随着第三终端的崛起，这支队伍更是星罗棋布于乡村城镇，传经布道，蔚为壮观。

业态变局，催生OTC营销模式变革

5年前兴起的平价药房，以急风暴雨之势席卷全国，如今已成为一股强大的市场力量。此后，连锁药企也不甘人后，借品牌、门店数量之优势争取了越来越多的话语权。2005年，“连锁百强”的销售总额已占到药品零售市场的43.5%。

但渐渐地，几成燎原之势的OTC市场在不知不觉中出现了变局，业界人士发现以下这些现象正越来越明显地困扰着在这一市场上打拼的制药企业：

（1）以前给了上架费，产品就能配送到各门店，如今还得OTC代表一一说服门店经理下计划；

（2）以前拜访店员时，给些小礼物，店员便会很高兴并能记住企业名称和产品，如今很难找到这样的店员了；

（3）以前只要客情关系好，便可以在其门店开展促销陈列，如今除了交费还得由总部安排批准；

（4）以前店员培训效果好，如今参加培训的可能是别的厂家的促销员；

（5）还有更令OTC人员头痛的是价格维护之难，“救火队员”疲于奔命，效果却差强人意。

凡此种种，由于医药市场环境的变化，竞争的高级化，大型平价药店、重点连锁药房的规模不断扩大，使销售趋向集中，其与厂家的谈判也处于强势地位，单体小药店备受双重打压，OTC营销工作面临新的挑战。

营销模式业务化是未来市场的发展趋势

OTC营销的实质是创造需求，增加销售；激活需求，实现销售；争夺需求，控制销售。

过去，我们强调OTC工作的“十字方针”是铺货、促销、陈列、培训、维护。如今，在新的市场环境下应产生新的OTC营销模式，即业务化的OTC营销模式。无论什么模式，OTC人员的一切工作都是为销售服务。只有将OTC的营销模式业务化，才能实施可量化的考核，才能适应分销全国化的趋势。进入OTC市场中的先头部队是去创造顾客需求的，商务人员是去满足渠道需要的。只有这两个方面的工作做到家了，才能使药企的投入产出比率合理，才能为企业长远发展奠定扎实的基础。

作为业务化的OTC营销模式，当然也离不开OTC推广的基本任务——铺货、促销、陈列、维护、培训。但这五项基本任务不应是单列的或是独立的，而应环环相扣，建立在实现销售的基础之上。更重要的是，实施业务化的OTC营销模式，OTC代表必须更加重视并重新审视对区域与客户的管理。

区域管理：让OTC代表在希望的田野上耕耘

OTC市场深度分销的大道上人山人海，乡村小镇也开始有药企派遣代表了，这必然会导致管理战线过长。为了让每个OTC代表都拥有“一亩三分地”，在自己“希望的田野上”耕耘、播种、收获，应教育OTC代表要像商务代表一样进行区域调查、区域规划、区域任务核定。

OTC代表对自身所负责区域的人口、药店、市场容量、市场潜力、竞争对手、主流媒介、居民收入及消费水平、风土习俗等要逐一调查并深入了解，结合企业的营销战略、产品结构、市场资源进行区域规划，才能做到有的放矢，马到成功。

确定区域任务是业务化的OTC营销工作的重点。区域任务可用销售增长法和OTC收益法计算。

销售增长法：它是指在区域原有销售量（额）的基础上，根据公司的战略要求、年增长率以及区域规划指标，匡算出该区域的增长任务率并予以考核。一般来说，销售任务额=区域基础销售量（额）×增长率。

OTC收益法：它是以OTC代表期望可达到的收入作为个人努力目标，倒推算出应完成的销售任务的一种管理方法，它有利于刺激OTC代表的工作积极性，开创性地开展OTC销售工作。一般来说，区域目标销售任务=（考核销售任务×区域目标收益）÷目标收益。

例如：假设OTC代表A完成区域考核药店年销售任务并且销售额达到20万元，可得到2万元年薪；若该代表目前考核药店年销售总额是15万元，那么，OTC代表A若想从目前年薪1.5万元升到1.8万元的话，按OTC收益法， A必须设定其年薪销售目标任务额为：20万×1.8万÷2万=18万元。

OTC代表A的收益率要从75%上升到90%，即其销售额要从目前的15万元上升到18万元，该怎么完成这3万元的增量呢？当然需要“开疆拓土”了。

第一，要完成目标增量，A代表的区域规划必须从原来只做重点区域，转变为拓展区域、开发新兴区域。可以从市区扩展到郊区甚至再到重点乡镇，直达村镇，不能只固守在某一区域，这样才有利于深度分销的推进。传统的OTC营销模式往往是OTC代表在所辖区域负责管理一定数量的药店，循环往复经年不变，增量是一件天大的难事。OTC收益法大大激活了OTC代表的主动性，而新区域的开拓又为区域的发展注入了一剂强心剂，带动客户、品种的增加及结构的调整。

第二，区域广了，客户自然多，客户需求也就多了，上架销售的品种自然也多了，增量便有了基本保障。只有产品才能满足客户的需求，普药企业不缺产品，只缺能卖出产品的人。业务化的OTC营销代表要懂得不同区域、不同客户对产品的不同需求，能在企业的产品群里选择能上量的、能集客的、能为客户谋取较好利润的品种，并妥善经营，完成增量任务。这与传统的OTC营销只重视药店不重视自身的产品建设大相径庭。

客户管理：对类别和结构的关注是最大差异点

客户是业务代表的衣食父母。好的客户——“我多想说声我真的爱你”；而不好的客户——“给我平添许多愁”。作为业务化的OTC营销模式，客户管理方式与传统的OTC营销模式的最大差异是它必须关注客户类别和客户结构。

客户类别：传统的OTC客户分类往往是按区域、连锁与否等类别划分的。而业务化的OTC客户类别按渠道可分为：连锁药房、单体药店、诊所、社区医疗中心（站）、特殊终端（渠道）；按销量大小可分为：大客户、中客户、小客户；按管理性质可分为：旗舰店、积分店、形象店、驻人店、考核店、管理店等。OTC代表必须像商务代表一样，建立详细准确的客户电子档案，档案除基本的客户资料外，还应包括销售记录及分析，以便根据流向、流量、流速分析制订完成销量任务的方案。

客户结构：它是指所在区域业务化的OTC代表所管理的客户的构成。它至少应包括向终端供货的一家商业快批公司、一家区域知名的连锁药房、一家区域大型平价药店、一家社区医疗中心（站）（简称“四个一”）。若能将快速消费品的个别有效终端纳入客户结构则更好。客户结构科学合理，不仅有利于快速完成销售任务，更有利于扩大宣传，教育不同的消费者，增加潜在的购买力。

很多管理者都要求OTC代表填写大量的表格，汇报翔实的过程以方便考核，并希望通过第一手的资料获得宝贵的市场信息，但往往事与愿违。离管理者越远的终端离OTC市场越近，这些远的、小的却繁多的终端并不掌握在企业手里，而是掌握在OTC代表手上，管理者要做的是鼓励OTC代表让它为企业产生最大化的销量。

客户管理应以“为我所用”为原则，而贯穿客户管理核心的，始终是能将产品卖出去并实现利润。因此，终端的促销与陈列是行之有效的手段。

促销的终极目标是改变目标顾客的态度从而增加销量。增加销量的途径有：一是扩大目标顾客群，使之从对其他品类、品牌的喜爱转向自己的品牌；二是提高顾客的单位消费量。目前OTC的促销花样百出，天天不停。“有促销不一定万能，没有促销却是万万不能的”，因此，在开展促销时一定要做好调查研究，针对不同的目标客户应采取不同的促销手段，切忌眉毛胡子一把抓。要注意投入产出比例，想一网打尽是不现实的。促销的对象主要有药店、社区、消费者、店员。

产品是最好的广告，陈列是最好的促销。终端陈列不仅像一个能24小时上班的促销员，而且通过陈列可以进一步密切与终端的战略合作关系，因而越来越被商家当作一种稀缺资源来出售，各厂家也对此乐此不疲。陈列是一门艺术，它没有固定的标准，创新、美感、吸引力、表现力是陈列的关键词，争夺到最佳的陈列位置、最大的陈列面是陈列的基础。要特别注意的一点是：陈列要为销售服务，提高销量最重要，不要为陈列而陈列。

营销渠道的广度和宽度都在深化，OTC代表的人力成本也在增加。为立足千万农村乡镇终端而作战的OTC代表所建立的业务化的OTC营销新模式，在做好铺货、促销、陈列、维护、培训等基础工作的同时，更关注区域的覆盖及客户的发展，实现可量化考核的销售目标，有望为企业发展夯实基础，使企业走上持续、健康、快速的发展道路。

过去，我们强调OTC工作的“十字方针”是铺货、促销、陈列、培训、管理；在新的市场环境下，应提倡业务化的OTC营销模式。无论什么模式，OTC人员的一切工作都是为销售服务，只有将OTC的营销模式业务化，才能实施可量化的考核，才能适应分销全国化的趋势。

（作者：柯华松，原载于《医药经济报》，2007年4月4日，原题为“业务化模式：OTC营销走向纵深”）

规模化的前提是保利润

风向真的变了。

新医改方案的推进、基本药物制度的建立、价格管控的加强、新版GSP的升级等系列宏观政策的实施，将大大加剧行业竞争。中小商业在此环境下是要规模还是要利润?

作为中小医药商业，如何才能分享新医改扩容下数亿元的市场蛋糕？如何获得或受惠于宏观政策的庇护？若没有一定规模，政府会给你定点配送的资格吗？若没有一定利润，企业如何扩大规模?

供应链上的小链主

在医药供应链中，有供应商、制造商、零售商、消费者四个主体，制造商挟品牌、品种以令市场；医院挟专业的医学服务以令消费者；最弱的链主当属分销商，只是起到上下游的桥梁作用，在整条供应链中所分享的价值也最少。

在分销商的闭环里，一些商业公司经过前几年的攻城略地，借资金、人才、机遇的优势得以成为一方寡头，目前已形成以国药控股、九州通为代表的全国性寡头商业公司及以科伦、双鹤等为代表的区域性龙头商业公司。上万家中小商业公司要在夹缝中生存，必须在供应价值链中争夺话语权，才能避免关门大吉。当然，被购并也未尝不是一件好事，关键是要能卖个好价钱。因此，区域专业化成为中小商业公司的必由之路。

争夺上游资源

做品牌工厂的区域分销商：大品牌、大品种不仅能集客、整合归拢渠道，也能为商业公司带来管理、信息、培训等软资源。

做非品牌工厂的区域经销商：非品牌工厂也许资金、人才不济，不能把自己打造为大品牌，但它拥有良好的产品，或独家，或疗效显著。通过商业公司自身网络为其推广销售，必能争取到工厂的大力支持，实现双赢。

做自营品种的代理商：产品是实现销售的载体，商业公司可结合区域特点、自身网络、人脉关系，通过寻找品牌企业的非品牌品种，或非品牌工厂的一线品种，或通过自行购买批文委托生产等方式，充实经营内涵。

夯实下游基础

做第二终端的供货商：地市级单体药店不在少数，就算是连锁药店，其配送中心也不一定能全面覆盖。做好药店的供货商，提供优质的产品和优良的服务，是业务链的重要环节。

做第三终端的配送商：新型农村合作医疗、“两网”建设使第三终端不断扩容，哪怕是获得一两个县的定点配送资格，也是一块可口的蛋糕。

做自营终端的服务商：有一两家自营终端，不仅能使商业公司更容易倾听消费者的声音，还能增加与厂家谈判的筹码。

提升自身能力

吸收培养人才：人才是企业发展的原动力，但真正认识到人才重要性的商业公司并不多，他们认为交情是难以替代的。其实交情只有建立在共同利益之上才更坚固，人才最好是培养出来的而不是挖过来的。吸收培养人才的上策是招聘一定数量的应届毕业生，通过培训、实践让其不断得到锻炼、提升，既有利于团队成员认同企业文化，产生归属感，又能节约成本。

控制资金风险：加强对应收货款、预付货款的管理。提高资金利润率，是考验企业老板的重要课题。

加强流程管理：公司无论大小，都应建立相应的制度，并实施规范管理。细节决定成败，要使公司的每一个成员都能为顾客服务，快速反应、灵活应对，就必须在核心业务链上建立规范流程，如库存管理、采购规范、应收货款管理、销售考核、薪酬激励等。

（作者：柯华松，原载于《医药经济报》，2009年3月16日，
原题为“要规模，但先保利润”）

药店也是顾客

金融危机的阴霾沉重地笼罩着数以千计的中小药厂曾经蔚蓝的天空，而新医改、国家基本药物制度、GMP复验等更是横亘在中小药厂面前的大山。跨越，需要更多的勇气、智慧与创新！

在我国近5 000家工厂制药企业中，销售规模在1亿元以上的不到800家，特别是中成药生产企业，销售收入1亿元是一个不低的门槛，接着是3亿元、5亿元和10亿元，每跨一道门槛都必将全面推动企业再上台阶，加速发展。但问题是，规模在5个亿以下的中成药生产企业即使突破5个亿，面对新政策、新环境，在OTC市场的“红海”里，也依然举步维艰。

一位百强知名连锁药店的采购总监对笔者说，现在才组建OTC队伍为时已

晚，中小药厂的产品，要想卖得好，最好的办法是给连锁做首推。“或者做品牌的品牌，或者成为首推的首推”，这是药厂与连锁药店博弈后的选择。

品牌与首推：两难的选择

一方面，连锁药店规模越来越大，话语权也越来越大，动辄要求毛利60%以上；另一方面，打造品牌的成本越来越高，这对于中小药厂来说，都是无法满足或可望不可即的。成为品牌，说明市场销量大，得到了顾客的认可，顾客指明购买率高，是药店不能不卖的集客品种；成为首推，把营销费用部分转给连锁店的同时，也把产品的未来及品牌一并转了出去。作为工厂企业，只有建立自己的品牌才能在顾客心中留下印象、抢占顾客的心智资源，才能筑起竞争的壁垒，使企业持续快速发展。因为“只有顾客才能造就企业”。

当中小药厂没有“烧钱”的勇气，也没有“烧钱”的能力去快速创建自己品牌，但为了企业发展的长治久安而不得不这样做的时候，中小药厂究竟能给药店带来些什么呢？或者中小药厂是否能满足药店需求呢？

连锁药店的需求：利润最大化

企业只有创造利润才能生存下去，才有价值。“利润最大化”是连锁药店的首选需求，特别是不断上涨的租金、人力资源成本以及激烈的竞争和跑马圈地式的扩张，无一不使连锁药店为了利润而挖空心思。我们知道：利润=销售收入×销售利润率，销售收入受客流量和客单价的影响，销售利润率受营业成本的制约。因此，要增加利润，就要从客流量、客单价、营业成本、营业外收入、毛利率等多个指标齐抓并进，做到让顾客满意，培育顾客忠诚度，使企业良性发展。中小药厂没有品牌工业资源甚至是垄断资源，也没有大品牌的集客品种，更缺乏品牌大工厂的系统营销支持，如信息软件、品类管理、品牌共建等，那么，中小药厂怎样才能满足连锁药店的需求呢？

中小药厂的套路：差异化经营、专业推广

保证利润，差异化经营：中小药厂的产品销量不太大，也相对容易维护好终端价格，让药店有利可图，这样才能击中品牌企业“好卖的品种没钱赚”的软肋。而且中小药厂往往有品种的优势，有些有独家产品，有些有治疗专科疾病疗效显著的产品，有些有比较齐全的产品链，只因缺乏资金、人才，营销不出去而已。因此，中小药厂除了确定2～3个重点产品作为企业自身的主推产品，将其打造成企业形象产品外，可以把更多的产品给予连锁做首推；或者贴牌生产，将对方变成同一条绳上的“蚂蚱”，互惠互利，共同进退。正如田忌赛马，先用自己的弱马对对手的强马，然后用自己的强马对对手的中马，这是中小药厂在竞争博

弈中的必杀技，以此和大品牌工厂博弈，加强和连锁药店的合作。

优质服务，专业推广：市场经济更加注重服务，若药厂将品种付给连锁药店后便做甩手掌柜，很难实现大的销量和增量，而且连锁药店往往要求厂家做到“只此一家，别无分店”，这就更难满足厂家对销量的要求。中小药厂在资源有限的前提下，首先应采取聚焦策略，在重点区域打造企业重点产品，并且建立相应的终端推广队伍。对于药店来说，厂家是否有终端队伍很重要。有人才会有服务，才谈得上推广、促销以及其他支持，哪怕你天天在电视上投广告，如果没有地面的推广服务，特别是在城市的药店服务，销量也不会太好。中小药厂建立自己的终端服务队伍，不仅推广企业主推的产品，也服务于连锁药店首推的自家的品种，更能让药店感到有保障有信心。

销售重在培养顾客的忠诚度，而顾客的忠诚度离不开利益与感情。店员也是厂家的顾客，通过厂家的代表对药店店员的拜访沟通，建立起感情，有利于销售。从药店角度看，选择有队伍、有服务的药企对提升销售也很重要。

新医改将加强公共卫生服务体系建设，加强健康促进与教育，大力开展健康教育，促进医药卫生知识的传播，倡导“治未病”。作为药店与社区服务中心竞争抢客的重要手段便是与药厂合作开展社区教育活动，从门店营销变为社区营销。若中小药厂进一步提供自己特色的推广服务，如过期药品回收、空瓶空盒换药、专家健康咨询热线等，不仅能和药店有效合作，更能吸引顾客，树立便民惠民的良好企业形象。

厂商只有合作才能共赢，无论对方规模的大小，特别是随着新医改相关配套政策措施的出台，更应抱团作战、资源互补、优势互现，药厂与药店同盟才能更好地为老百姓的健康服务。

（作者：柯华松，原载于《21世纪药店》报，2009年5月4日）

目标不是营销的结果

当销售增长的压力越来越大、市场“蓝海”的发掘越来越难时，职业经理人与老板、上级与下属就常常会把营销的目标当结果说事，从而导致矛盾或失败。如何正确看待目标与现实、过程与结果、团队与管理，尤为重要。

平衡计分卡是美国罗伯特·卡普兰与戴维·诺顿共同发展的一套化战略为行动的绩效衡量模式，它充分平衡了财务目标与非财务目标、外部目标和内部目标、长期目标和短期目标、滞后目标和先导目标，把企业愿景和战略转变为目标和衡量方法，提供一种语言以传播，让组织里所有的人都了解公司的目标，将战略方向与目标、目标值和指标协调一致。

企业经营的目标主要包括四大要素：财务目标，包括销售收入、销售费用、销售增长率、销售利润率等可以量化的指标；顾客满意，主要包括分销支持、终端或服务支持、品牌打造、盈利能力，和客户一起成长，让顾客满意；内部流程，指在经营管理中建立一套科学、规范、高效的内部管理流程，为客户服务，如交货期、物流配合、招投标支持等；不断学习与成长，着重员工培训、团队建设，提高员工素质和技能，打造优秀团队。

营销目标不仅仅是财务指标，财务指标也不是衡量业绩的唯一指标，它是过去经营管理行为的结果，它无法解释企业发展的驱动性因素，所以包括顾客满意在内的四大要素才是每一位职业经理人要努力去实现的目标。但有些是先导目标，如顾客满意；有些是滞后目标，如财务目标。作为老板，必须明白哪些目标是有利于企业长期发展的，哪些目标是短期行为，这样才能使企业的营销向着正确的方向前进，才能长短期目标一起兼顾。

把愿景当现实

人要思考，才会进步；经营要有理念，才叫智慧；企业要有文化，才能持续。愿景是企业文化的重要组成部分，营销人员长期奔波在市场最前沿，缺少“大家庭”的关心与温暖，更需要使他们明白，他们今天流血流汗的苦拼，是为了企业和自己拥有一个美好的明天，才不至于令他们发出“为谁奔波为谁忙，三更半夜独彷徨”的感叹。

假如一个企业的愿景是让顾客更满意，顾客不仅包括消费者、经销商，还包括员工，那么这个企业不但要为消费者提供物美价廉的产品，还要让经销商有利可图，最重要的是让员工的收入与技能都能得到提高。员工感到幸福，才会更努力地工作，在令顾客满意的同时令老板满意。相反，如果有经销商投诉我们分销不力或者市场价格混乱等，老板就会说这都做不好怎么让顾客满意？这就是把目标当结果造成的，因为目标离现实总是有差距，实现了的结果又是另一个目标的起点。

把机会当结果

开发市场的门槛越来越高，每个品类都有三五个杰出代表，要从别人的饭碗里抢饭吃谈何容易。于是，许多经理说，“如果再有一次‘非典’，我也能把板蓝根颗粒做大；再来一次‘甲流’，我也能把抗病毒口服液做强”。美国未来学家奈斯比特说：“机遇就像是在暴风雨中没有关好的窗户一样，可能突然被吹开，又突然被关上。”这句话解释了有人与机会擦肩而过，而有人在机会刚露头时就抓住了。“非典”、“禽流感”、手足口病、“甲流”……机会无时无处不在，但能否抓住机会，关键在于是否有正确的思维方式。正向的、机会的就是正确的思维方式。同样是半杯水，有人说“还有半杯水”，这是正向思维；有人说“只有半杯水了”，这是负向思维。同样面对“甲流”，有人说“问题大了”，有人说“机会来了”，于是“机会来了”的经理们就会运筹帷幄，快速反应，统一行动，将别人的问题变为自己的机会，抢闸胜出。

营销，就是不断寻找机会，因为只有机会才会使营销变得更简单。

把品牌当结果

市场的竞争是一场心理战，是顾客心智资源的竞争，而品牌就是刻入顾客心智资源的深深印记。当顾客有购买需求时，从脑海里跳出的第一选择就是你的品牌，那么，你就成功了。品牌的打造不仅需要正确的定位、高明的公关、充分的积累，还要付出不菲的费用，这在医药行业表现尤为突出。

“如果我们有品牌，我们会做得更好。”

“因为我们有品牌，所以价格才卖得高。”

“因为我们没有品牌，所以产品不动销。”

其实，品牌是舟，销量是水。没有足够大的销量就说不上有品牌，有品牌就应有足够大的销量，而且要有品牌溢价，卖得比别人贵，还卖得比别人好。因此，品牌是做好营销各要素后自然而然产生的结果，是寻找到市场机会后进行营销的结果，是团队不懈努力而实现的目标，而不是因为有了品牌，才能实现销售的目标。所以，你现在所在的企业没品牌不要紧，重要的是你能和团队一起将销量做大，将品牌做大。

过程与结果

对老板来说，既想要有好的结果，又想要有好的过程，因此事必躬亲、事事控制。对经理人来说，要做出好的结果，必须有足够的空间，授权也是授责，责、权、利统一。老板的观点是“疑人要用，用人要疑”，经理人的意见是“疑人不用，用人不疑”，但随着企业的壮大以及年龄的增大，老板要更多地掌控营销过程往往成为不可能的事，除非是跟着一线经理下市场。

过程不仅仅是过程，结果不仅仅是结果，关键是制定科学的考核体系，不同的目标有不同的考核指标。平衡计分卡理论告诉我们，除设定明确的财务目标外，还要相应考核顾客满意度、内部流程、学习与成长三大目标。因为若没有渠道建设指标，营销部门可能只摘果子不种树；若没有品牌影响力指标，营销部门会把品牌建设的资金投到短期促销中，下任接手的将是一个烂摊子；若没有客户满意度指标，增长肯定是短期的，过度压榨渠道，后人无异于坐在火药桶上。

老板看数字要结果，经理看过程要结果，下属做过程生结果。

把团队当结果

团队建设是企业经营的高层次指标，在不断的营销过程中使团队成长为“梦之队”，是每个老板所希望的。“没有完美的产品，只有完美的团队”，其实不然。如果你是中小企业的老板，出不起大钱，就别想建立超级团队；如果你认为从大企业挖一个小团队过来就能战胜竞争对手，也是黄粱美梦。因为，合适比优秀更重要也更难找。团队只有在实践中不断尝试才能成长，才能培养出适合企业自身产品模式、文化的营销团队。

老板常会犯两种错误：一是认为营销团队不够精悍，做终端的不够勇气，做商务的不够豪气，做市场的不够锐气，做管理的不够正气，团队的瑕疵成了主流，忘记自己是什么和想要什么。二是觉得团队不错，只是不受自己控制，于是采取分化手段，另立山头另树“榜样”或暗中煽动，以为可以掌控团队，殊不知，领队是团队的支柱，团结是团队的基石，基石不稳，大厦将倾。

企业是老板的，团队是团队的，各要各的目标。

今天的医药市场不再有“一招鲜吃遍天下”的机会了，无论是产品、价格、渠道、促销，还是分割、优先、定位，或者公关赞助与政府事务、政治权力，样样都不能有短板，因为营销的成功需要做好所有事情，失败却只需遗漏一个细节。

（作者：柯华松，原载于《医药经济报》，2010年3月24日，
原题为“别把目标当结果”）

BOSS模式的成与败

引子：最近三年多来，终端直供的BOSS模式受到许多关注，不少企业纷纷效仿。所谓BOSS模式又称为“人人做老板”模式或“创业者”模式，指企业在销售区域实施承包经营，通过团队直接供货终端，限定开发终端数量，限定终端零售价，主要靠产品差价等方式，实现产品销售，实现利益共享的一种销售方法。

××药企多年在3亿～5亿元的销售规模浮动，新的营销总监为了打破增长桎梏，引入BOSS销售模式，招兵买马跑马圈地，把公司的二线品种几乎全划入创业者终端，希望通过“创业者”模式把公司的二线品种做大，完成销售增长目标。一年多后，虽然个别地区的销售业绩能达到公司原定的目标，大部分区域业绩却与目标相距甚远，导致美好的构想落空。公司销售部的同事觉得抽走了二线品种不利于他们开拓客户，而各地的“创业者”却埋怨和推卸责任，说公司供货不及时、价格太

高、政策多变、收入难兑现等。今后是坚持还是放弃“创业者”模式愁煞了总监。

适用范围

BOSS是创业者也是老板，在所管辖的区域，省区经理即创业者本身，也就是老板；对终端而言，创业者是供应商，可能代表厂家，也可能代表配送的商业公司；对厂家而言，创业者不是其员工而是客户。这三个不同的角色所需要或提供的服务是不对等的，作为老板会首先考虑资源的投入产出比，考虑盈利最大化；作为药店的供应商，创业者需要考虑的首先是能否满足药店对品种、价格、服务等的要求，能否打赢竞争者，成为药店稳定的供应商；而作为客户，创业者希望能买到更多的商品，能得到更低的价格、更久的结算时间。如果创业者采购不到更多的产品，就无法提供更多的产品给药店，采购不到更优惠的价格，不但影响药店的需求，也影响到创业者本身的利润。丰富的产品、优惠的价格、稳定的客户是其混合角色的共同点，因此，BOSS模式的适用范围应该是：

1. 产品品类较多的企业

创业者销售的区域一般是一个市两个县，发生业务的终端客户不多，一个经理最多管理100间左右的药店，要把销售额做大，最好的办法只能是增加品类。这种模式销售的单品一般不多，唯有靠更多的品类才能赚到更多的钱。这里说的品类，也就是妇科、儿科、心脑血管、清热解毒、抗菌消炎、外用药等药店常销的品类必须要有，否则，如果只是一两个品类，品种再多，也无济于事。例如某厂家清热解毒类的品种有二十多个，假如采用创业者模式肯定是失败的，因为药店不可能全销售一个品牌的清热解毒品种。

2. 有品牌影响力的企业

这其实是品牌延伸的问题，如果一个品牌没有知名度，没有拳头品种的光环，就算推出一系列的产品，全陈列在药店，也难有大的销量，因为消费者首先会选择他所知道的品牌企业生产的同类产品。BOSS模式开展得较成功的企业有修正、葵花、仁和等，他们都有一个共同的特点，就是有深入顾客心智的品牌品种，如修正的斯达舒、葵花的胃康灵、仁和的优卡丹。没有“带头大哥”品牌品种牵引的小企业很难在众多大众品牌中突围而出，从而沦为靠价格竞争这一传统模式经营的企业，不符合创业者以利润作为收入的要素，品牌不能为价格背书，所以没有品牌力的小企业，无论品种多少，采用创业者模式肯定无法成功。

3. 有成本优势或管理优势的企业

由于不是通过广告等方式影响顾客购买，而是通过店员、店老板的推荐实现销售，所以价格对老板们来讲很重要。企业必须在保证质量合格的前提下，做到成本更低，价格更有竞争力，才能顺利推行创业者模式。在实际操作过程中，创业者肯定要通过商业公司或者厂家把产品销售的差价提取出来，这就是他们应得的收入报酬。另外，创业者与厂家是半松散型的组织关系，创业者既是自己做老板又代表或影响着公司的形象，如何管理好分布在市场最末端的众多创业者，考验企业的组织管理能力。

核心是利益

创业者没有底薪，只有通过产品销售利润才能获得收益，这是创业者生存下去的必备条件，因此，他们最关心的是产品销售差价。

1. 利益来源于差价

创业者经营的成本——人员工资、配送费用、市场费用等，加上合理的利润，组成产品的供货价，至于竞品的价格策略、顾客能否接受等不是他们特别关心的。例如创业者采购一个药品的价格是5元，那么他销售给药店的价格一般会定在10元左右，药店的零售价约为20元，毛利约需50%。没有足够的利润，即使创业者愿意销，药店也不一定愿意卖。

2. 利益来源于封闭

多即乱，创业者为了终端价格的稳定，保护自身和药店的利益，只能采取有限铺货的办法，而不同于广告品种的全面铺货策略。因此，创业者在同一街道只选择一两间药店作为合作伙伴；在合作伙伴周边的一定距离内，不发展另一间终端；同时严格要求合作者按规定的价格销售，否则将严厉处罚。从另一个角度看，有限的销售点无法支撑厂家把产品做大的需求，万一产品销量大了，也就说明产品能在市场上流通了，价格变得透明，他们就无利可图了。

3. 利益来源于客情

创业者一般是本地人，了解当地的风土人情，和药店老板建立了多年的良好关系，能轻易把产品上架销售、能排挤同类不知名的产品，是典型的关系营销，销量的大小几乎全是由该创业者决定。但这对于厂家而言却不一定是好事，一旦人员变动，市场遗留的问题很多，新人难以接上手，将极大影响当地的销售业绩；或者创业者转投竞争厂家，原有的销量可能一落千丈，从报表反映出来的市场基础也荡然无存。

新版GSP提高了单店的经营成本，加速了药店的连锁化，连锁化将无情地击碎创业者的上述优势。越是连锁化高的地区，创业者模式就越难成功。

短板是顾客

1. 只有销售没有营销

产品销售的好坏由诸多因素组成，创业者只能在销售层面为产品销售出力，包括做好产品的上架、陈列，保证商家的销售利润，却很难甚至无法去做消费者教育的工作，而消费者教育才是真正影响消费者购买的重要因素，更别谈开展什么公益赞助等增加品牌美誉度的工作了。没有推广没有营销就难以吸引顾客。

2. 关注利益不关注顾客

创业者和药店老板一样只关注利润，他们认为只要我乐意卖的东西就一定能卖好。在走访的药店中，他们往往对最具品牌的品种进行低定价，对其代理的不知名的品种高定价，譬如白云山板蓝根颗粒零售价是每袋10元，其代理的Z牌板蓝根颗粒零售价是每袋13元，虽然这超过了国家对板蓝根颗粒的最高限价，但他们不理，物价主管部门也鞭长莫及。互联网的普及使信息不对称成为历史，监管的下沉也将终结偏远市场的混乱。

3. 依赖个人不依赖团队

业绩十分依赖创业者个人的能力和关系，连配送的商业公司也是创业者选择的。由于掌控了终端，创业者随时可以更换配送商，是真正的人走茶凉。厂家销售流向反映的客户档案只是一个幌子，创业者只是厂家一个小客户，而不是厂家的团队，两者之间是合作关系而不是从属关系。厂家无法掌控市场，一个很可能被打回原形的市场对厂家的伤害可能要比从来没有开发的市场还要深。

为了短期的销售增长，为了解决多品种小销量的问题，为了培育经销商队伍，采用创业者模式无可厚非，特别是对于商业公司来说是很有裨益的。但对于工业企业来说，只有培养大品种、培育大品牌才能打造核心竞争力、完胜对手，而经营模式应该回归到供应链管理、价值链经营的模式上来，这才是上策。

长效的模式是既关注品牌、顾客，又关注利益

OTC营销就是打造品牌的过程，品牌打造的主体是厂家，不要寄全部希望于代理商，经销商、零售商只是厂家供应链上的一个链主，承担着分销和面对顾客的作用。价值链是由厂家主导的，厂家要合理分配价值给经销商、零售商、顾客等各个链主，使其各司其职、各尽其责，形成从产品到商品、从职责到利益、从顾客到品牌的循环，这就是长效的成功的营销模式。

品牌是产品在顾客心智中的定位、购买的选择，打造品牌就是培养顾客，顾客的需求和利益是品牌的背书。品牌和顾客是紧密相连的，忽略顾客打造不出品牌，打造品牌必须瞄准顾客。试想，一个没有多少知名度的厂家生产的板蓝根颗粒比目前市场上你知道的最有知名度的板蓝根颗粒卖得还要贵的话，你会买吗？

由于很多品牌品种在供应链的价值分配方面做得不够好，经销商亏本销售，零售商利润偏少，给了创业者模式销售的机会。随着市场的监管严格，零售连锁化的扩大，越来越多的厂家会在关注品牌和顾客的基础上，更注重利益的合理分配，做到让顾客满意，因此，市场将牢牢掌握在他们的手中。只有顺势而为方能有所作为。

（作者：柯华松，原载于《医药经济报》，2014年4月23日）

新GMP后医改时代：让销售成为多余

2011年，身处市场一线的药企销售人员都有同感："今年的医药市场实在太难了，过去的难主要体现在市场价格乱、客户不满意，今年的难体现在价格秩序更乱，而且市场不走货。"很多药企年初制定了较高的销售增长指标，口号喊得当当响，现在眼见完成指标是不太可能了，只能退而求其次，改为争取同比有所增长，若能达到两位数的增长就算是不错的业绩了。

春江水暖鸭先知

2013年9月15日，国家食品药品监督管理局将第一个新版GMP证书颁发给江苏正大天晴药业公司，意味着国家对药企新一轮的GMP复检换证工作已经拉开帷幕，这一年将是全国5 000多家制药企业GMP认证的高峰期。

据专家预测，药企要达到新版GMP中规定的软硬件要求，平均每家企业至少需投入1 000万元资金，中小药企将面临更严峻的生存考验：一方面是通过GMP需要大规模投入的资金压力，另一方面是通过GMP后销售增长的迫切需求与市场开发愈加艰难的现实矛盾。

同时，新版GSP的征求意见稿已收集完毕，商业企业的关停并转必将影响工厂企业营销模式的转型升级，新一轮政策性认证是否会导致中小药企"淘汰潮"将成为年内医药人挥之不去的一块心病。

9月23日，《人民日报》发表了评论医改的文章，为医改定调。医改是关系到每一个中国人的事情，投入大，需求复杂，哪怕西方国家探索改革了数十年也没能找到十分成功的医改方案，何况在我们这样一个财力有限的发展中国家。政策的制定和实施是不可一蹴而就的，只能边摸索边完善。

基本药物制度的实施及阳光招标采购制度的全面推行，以及国家发改委对药品的轮番降价，不可能因为个别企业的利益受到影响而改变，大家希望通过政策的指引加快行业的治理整合。但通过这一系列措施，政府将众多中小药企推向市场的风口浪尖，其生存和发展变得更加扑朔迷离了。另据报道，进行得如火如荼的各省基药招标，已有包括合资药企的大品牌大厂家主动降价以求中标，弃利润保市场，基药混战将越演越烈，潮退后就知道是谁在裸泳了。

据发改委和相关行业协会的统计数据，2013年1～7月，医药产业产值达8 024亿元，同比增长29.6%，预测全年医药行业销售收入增幅可达23%，但药企老总们纷纷表示，对下半年的销售及利润增长持不乐观态度。

药企外冷内热

前段时间，笔者在珠三角、粤东及粤西调研了好几家药企，这些企业的老板们对新GMP换证提高门槛暂时还感受不到太大的直接压力，但基药招标、药品降价对市场的影响已经让他们深感焦虑与无奈。他们有强烈求变创新的欲望，对朝阳的医药产业充满光荣与梦想，但面对自己熟悉的企业和变幻莫测的市场，却找不到良方。

对行业而言，中小药企如何应对新GMP和后医改的挑战是一个沉重的话题，以下这个案例很有代表性。

B药企创建于20世纪80年代，集药品生产和商业流通为一体，现有100多个生产批文，拥有片剂、小容量注射剂、胶囊剂、搽剂、颗粒剂、头孢剂、口服液剂、糖浆剂共8个剂型车间，年生产规模可达10亿元。

企业虽然品种多，但全是板蓝根、夏桑菊等传统普药，没有好的独家品种，目前尚未培育出一个年销售额突破2 000万元的单品。2006年起，销售额一直在1亿元左右徘徊，近5年的销售增长率都不到10%，一年进一年退。销售增长遇到瓶颈，难以突破；产品毛利润低，无法投入更多的广告，只有业内认知公司产品品牌；营销模式找不到突破口，目前仍为传统的商业调拨模式，由1个业务员负责1～2个省的销售，客户大部分为一些商业物流公司，纯销客户少，三级分销及网络下沉使工作一直开展不起来；终端品种销售一直在探索中，找不到适合自身的销售模式。自2006年组建OTC部后，模式几经调整，终端产品的销售却一直没能达到盈利点；销售队伍建设成效不大，缺少培训，销售人员的素质、理念跟不上医药市场的发展趋势，政策执行力差，优秀的销售人员培养不起来，销售团队的凝聚力、战斗力差，而且新聘业务员的流失率非常高。

但是，B药企总体的盈利还不错，最近还在省外收购了一家小药厂。老板有强烈的做大、做强和创新的意愿，提出要在3年内突破3亿元的销售规模，推动企业走上资本市场，发展成为医药行业的领先品牌企业。只是在新GMP和后医改时代，怎样的策略才能把理想变为现实，把目标变为结果？

销量为王，盈利第一

过去，虽然医药市场竞争激烈，企业都在“红海”里沉浮，但大部分企业仍活得比较滋润，正如笔者探访的这几家药企，年利润都在800万元以上。他们生存在迅速增长扩大的市场里，依靠众多的产品、偏低的价格、稳定的客情，分享着行业利润的盛宴。除了商业促销压货，他们很少对供应链的其他链主进行建设，研发、品牌、人才等都被忽略了。他们相信有销量就有品牌；有销量就能盈利；只要能盈利，就已足够，因而安于现状不求改变，透支市场不做营销。一旦市场变化了，销量就成了空中楼阁，说塌就塌。现在，他们已经感受到了市场变化带来的阵阵寒意，不想成为温水里被煮的青蛙，都希望能早日进入“蓝海”里遨游，但谈何容易？因为企业有无业绩由销售决定，但企业有无前途由营销决定。只要有销量，并且销量能持续增长，就能不断实现盈利，托起企业的崛起，改变企业的命运。

就销售的角度而言，企业销售的产品必须有过硬的品质。有了过硬的品质，才能建立良好的品牌；有了良好的品牌，才能为顾客提供优质的服务和价值，让顾客满意；顾客满意，才能实现销售并产生利润；有了利润，企业才可以不断创新，研制出更好的产品，造福更广大的顾客。反之亦然，如此循环往复，生生不息。只是在这个闭环系统里，B药企没有让销售引领营销，加强产品研发、市场投入、品牌建设和团队管理，而是成了“三无厂家”——没品牌、没品种、没团队。虽然B药企目前仍能盈利，但品牌、品种、团队这3个要素都是需要高成本、长时间才能打造出来的稀缺资源，所以一旦政策变了，竞争者变了，自己就无所适从了。

营销第一，盈利为王

现代“管理学之父”德鲁克说过：“营销就是要使销售成为多余。”营销面对的是一个供应价值链，不仅要开发、运用品牌、价格、渠道、促销，更要建设技术、研发、装备、人才……如果只开发，不投入，不建设，就是饮鸩止渴。

B药企在渠道、促销方面花了很多工夫，但这只是供应链的一小部分，更重要的是研发、品牌、人才建设。营销不只是销售部门的事，而是企业为顾客创造和实现价值的整个过程，覆盖研发、生产等相关部门。因此，中小企业在面对新政策压力时，必须未雨绸缪，捷足先登，不为今天的销量沾沾自喜，而要孜孜以求、不遗余力地在提升产品品质的同时，加强供应链的建设，保证供应链的稳定，提升供应链的价值。

从营销的角度而言，企业销售的产品必须有忠诚的顾客；有了忠诚的顾客，才能建立良好的品牌；有了良好的品牌，才能为顾客提供更优质的产品和服务，让顾客满意甚至愉悦；顾客满意，企业才能持续增长和盈利；有了持续的盈利能力，企业才可以不断创新，研制出更好的产品，造福更广大的顾客。反之亦然，如此循环往复，生生不息。

解决B药企的困境，首先要求企业老板能够从战略的高度，结合企业现有的优势资源以及竞争的需要，为企业进行定位，是走专业化、差异化路线还是走低成本化路线？企业的宗旨就是创造忠诚的顾客。有差异才能有市场，差异化是根本，创造顾客就是创造差异。然后，做大一个产品，起码要有亿元以上的规模，才能深入顾客的心智，品牌需要产品这个载体和顾客实现对话交流，才能成为该类别产品的代名词，获取更高的品牌溢价，并投入到营销价值链中，在价值链的转换中锻炼和成就队伍。

企业盈利不是目标，而是结果，是营销做好了，自然而然产生的结果，就像品牌不是目标，仍然是结果一样。企业的目标是基于产品、服务基础上的持续盈利能力，实现持续盈利能力的方式就是把营销放在第一位。

（作者：柯华松，原载于《医药经济报》，2011年10月24日）

营销应当回归产品

2009年新医改后，究竟是哪些医药企业、哪类产品销售增长最快呢？据不完全统计，是拥有独家基药品种或单独定价权品种的企业销售增长快，是心脑血管类、清热解毒类，特别是中药注射液的产品增长快，而那些主打大众普药常见剂型的产品和企业却增长缓慢，举步维艰。随着医改步入深水区，企业发展两极分化将更加严重，唯有未雨绸缪，加大投入，加强研发，拥有真正能治疗疾病、减轻痛苦、愉悦顾客的产品，才能受到广大顾客的热捧，成为宠儿和骄子，遥遥领先于其他企业。

研发投入不足

多年以来，大部分医药企业在营销模式、品牌塑造、队伍建设等方面用心良苦，不惜投入大量真金白银，而对于研发则显得小气。按我国对高新企业的认定标准：销售收入5 000万元至2个亿的企业，研发费用占销售收入的比例为4%；2个亿以上的企业，研发费用占销售收入的比例为3%。但实际上，整个医药行业研发投入占销售收入的比例不到1%。由于研发的高风险和成功的艰难性，药企投入研发的资金和技术力量都明显不够，导致无论是大集团还是小企业，十几二十年一直是在卖一两个产品，在不停地打广告搞促销，特别是中成药和OTC产品，都是些较熟悉的“脸孔”，很少见到推出新产品。为什么拥有独家品种或单独定价权品种的企业销售增长快？因为在目前医院招标的游戏规则中，只有这样的企业和产品才有机会中标，才能进入最大销售终端——医院的销售平台，才有销售操作的空间。营销是今天，研发是明天，品牌是后天。

2014年是GMP换证的高峰期，新GMP对软件和硬件的要求都比较高，所需投入也比较大，企业的经营成本将大大增加。对于近期或今后都没有优势产品的企业，新GMP将加速其走向变革或死亡。

销售增长乏力

由于没有后续优质产品的源源输入，营销只能在现有的产品中挖掘，而目前医院唯低价招标使得品牌企业的普药品种被挤到只能在药店这个渠道销售，同时连锁药店也受到医院的挤压。可以预见，今后的连锁药店将只上架销售两类品种：一是品牌或广告品种，以吸引顾客；一是连锁药店的贴牌或首推品种，以保证利润。介于这两者之间的品种品类，将无机可乘。假如连锁药店销售板蓝根颗粒，从品类管理的角度来看，也没必要销售十个厂家的板蓝根，浪费货架资源。

广东药交所的医院招标制度可能使部分小药企在低价产品招标目录中获得中标的机会。通过团购的方式，短期会有一个较可观的销量，但是企业可能也是无利可图的，因为它只是一个季度的统采量，厂家无法保证下一标期继续中标，而且，由于是带量采购独家中标，因此各个厂家都会不惜成本地拼抢，依然难以解除企业每年销售增长的压力。

当我们再用4P营销理论来审视医药营销工作时，我们大多关注价格、渠道、促销，却较少关注、钻研产品。大家都认同小米手机的营销很成功，小米手机的创始人兼营销工作负责人黎万强却在新浪微博的个人简介上写道："我是一名设计师。好的设计会改变世界！"他始终以产品设计师的眼光看待营销、实践营销。作为医药行业的营销人员，如何让营销先回到产品上去呢？

现有产品的营销回归

营销人员习惯对现有产品进行定位、策划、促销、调价、整顿，却鲜有对产品进行深入的二次开发，或简单地以为产品的二次开发是研发或生产技术部门的事情。京都念慈庵蜜炼川贝枇杷膏是止咳化痰类中成药产品的老大，畅销市场数十年，但京都念慈庵并不坐吃山空，而是紧跟消费者需求的变化，不断研究年轻人究竟喜欢什么，然后推动研发与消费者需求相结合，对产品进行二次开发，因时制宜地推出了高倍浓缩颗粒剂。为适应消费者生活态度的转变，京都念慈庵又开发了无糖型新品和便利装产品，为产品的可持续增长夯实了基础。

营销部门应该给企业的生产、技术、研发部门提供更多的产品开发思路，使研发为营销服务，营销为研发指路。针对现有的产品进行二次开发应主要从以下几个方面着力：增加产品的适应证研究；增加产品的专利技术研究；开发新的剂型；改变产品规格或包装规格；深入研究产品核心要素等。

新产品的营销介入

企业必须针对消费者需求的变化和疾病谱的变化，前瞻性地研究开发产品，为企业的长远发展提供源头活水，但不能仅是研发部门的闭门造车，而是要营销部门提前介入，提供市场信息供研发部门参考，甚至提供产品类别或治疗领域的方向让研发部门深挖。只有这样，研发部门才能研究出适应市场、适合患者的新产品，抢占制高点。

新产品研发是一项高投入高风险的项目，如果只依赖于企业研发团队的想法，不经过市场的调研，失败的可能性就很高，哪怕是委托高校等科研机构，由于他们更偏向于学术研究而不是经济效益，最终也可能落空。只有让营销提前介入新产品的研究，才能使企业研发出正确的能赚钱的产品，能赚钱的产品就是能满足、解决和创造消费者需求的产品，这也是营销的核心诉求。

产品营销回归的外在因素

好的营销方能创造好的品牌，好的品牌除了要有产品的质量和疗效的支撑外，还少不了贴在产品外部的诸多外在要素。纵观医药的大产品，总会有几项质量技术或生产、工艺方面的专利；有医保、物价等的支持或优势；有政府部门颁发的证书、证明或荣誉；有行业或第三方权威机构的评价或佐证。凡此种种，都是产品营销之前或营销过程中必不可少的故事，故事好，自然就容易把故事讲得更好，让消费者信服。

很多药企都建立了政府事务部，期望与政府部门建立良好持续的工作关系，为销售与市场提供最大支持与保障。工商税务、药监药检、目录物价、招标配送、公关赞助、危机管理等，都离不开和政府部门的沟通、支持，只有关注营销以外的环境，才能做好营销。

医药行业还将继续经历着国家政策的强势打压以及市场结构的痛苦转型升级，有志于营销的医药将士们，必须清醒地认识到“营销始于4P，终于4C；营销始于销售，终于竞争；营销始于产品，终于顾客满意”。只有这样，才能不断跨越障碍，不断登上高峰。

（作者：柯华松，原载于《医药经济报》，2014年1月10日，
原题为“产品好，销售才好”）

工商共赢“处转非”（节选）

时隔三年，国家再次开启处方药转OTC大门，无论是对上游厂家还是药店终端来说都是一个难得的商机，但是要想让商机转化为实实在在的利润，还需要双方共同努力。

目前，距2011年2月25日，国家食品药品监督管理局（SFDA）发布夏天无片等54种处方药转换为OTC的通知（以下简称通知）已有一个月时间。通知将给药店经营带来怎样的影响？本报记者特邀几位嘉宾，共同讨论药店与上游企业在处

方药转OTC时应如何捕获商机。

转换需要适应期

主持人：你认为此次54种处方药转OTC将对上游企业和终端药店带来哪些利好？

柯华松：此类处方药转OTC的通知，其实是有两种形式的，第一是国家药监部门根据对药品各项指标的重新审核而公布，第二是由众多企业自主申报经国家药监部门审批。这里存在一个是被动，一个是主动的问题，只有在企业主动的时候才会对上游或药店产生较大的影响。综观这次54种转为OTC的药品，无论是在医院还是在药店，其销量都一般，可替代性也很高，短期内不会对市场产生什么影响。OTC营销离不开消费者教育，要促进这些产品的销售，企业唯有根据产品的独特卖点，进行市场的细分和定位，大力开展消费者教育工作，按照OTC的营销策略有条不紊地推进，才能逐渐抢占市场。

推进双跨药品向OTC靠拢

主持人：在中国医药圈存在着许多双跨品种药品，这在国外是不曾有的。面对这种“特色”药品，药店在销售上应注意些什么？

柯华松：双跨品种虽不需凭处方购买，但也不能在大众媒体做宣传，因而是最容易被药店拦截的。药店肯定会优先推荐总部考核的首推品种、有厂家代表跟踪奖励的品种、价值较高的品种。利润不理想的前提下，药店肯定会做出调整，除非是大广告品种。药店在品类上一般会保证集客品种（即广告品种和历史销量较大的品种）、利润品种、补充品种三类，如果仅是第三类，基本上没戏了。双跨品种在宣传上主要是靠执业药师对消费者的推荐，也还需要看厂家更注重双跨品种在哪条路上的发展。

品类管理找突破

主持人：今年各地方药监部门在年度工作会议上都提出要加强对处方药销售的监管，特别是加强药店不凭处方销售处方药或者抗菌药物的检查力度，对此药店在经营上如何避免违规销售？可以通过哪些手段来提高药店的整体销售？

柯华松：管理学上常说，你检查什么，人们就做什么。药监部门加强检查，对药店特别是连锁药店的销售肯定会产生不小的影响。药店也只能按规范执行，不要因小失大，违规销售处方药。罚款事小，影响品牌事大，流失了顾客也就流失了财富。由于新医改相关政策的实施，医院比药店在报销等支付方式上更有优势，药店要吸引医院处方是难上加难了。未雨绸缪的办法是加大OTC、保健品、医疗器械，特别是中药材、中药饮片等品类的推广销售力度，在不同的层面上与医院展开竞争。

处方药转为OTC，对企业和药店都是利好。企业应帮助药店做好新转为OTC的药品的销售。尤其是在产品的外包装上，厂家与药店终端应在短期内完成，使得OTC产品尽快上轨，度过适应期。

（作者：肖志飞，原载于《医药经济报》，2011年3月25日）

王老吉润喉糖“单品为王”策划方案

王老吉润喉糖经过近十年的市场培育，在“王老吉”品牌的光环照耀下，定价走中低档路线，借助快消渠道的同时，也开发药店等专业渠道，短短几年便实现了过亿的销售规模，令业界羡慕。近3年多来，大健康的概念得到广泛的关注，药企纷纷涉足大健康，但王老吉润喉糖的增长却不如过去快。如何把1个多亿的“一颗糖”做成5个亿以上的王牌品种，是新一届经营班子的重要课题。

广药收回“王老吉”品牌后，鉴于社会期望和业绩增长的压力，除大力做好王老吉凉茶的销售外，还加大了品牌的延伸，开展多元化策略，介入食品、饮料等不同品类，把王老吉润喉糖继续做大也是大势所趋。而药企跨界进入润喉糖市场，大多数的产品定位和王老吉润喉糖的定位比较接近，就是“舒爽”、“舒适”、“爽”等，这必将抢夺王老吉的一部分市场份额，如何巩固自有的市场份额并不断拉大和竞争者的距离，是成就单品为王的王道。

市场分析

1. 环境与需求

润喉糖的两大功效为药用类、功能类。随着生活节奏的加快和新生代顾客消费习惯的改变，润喉糖的功效也开始逐渐向休闲类、文化类转变，人们对润喉糖的需求不仅仅是为了满足治疗的需要，例如滋润咽喉，清新口气等，因为它毕竟是一颗糖而不是一盒药，而是转向一种休闲的消费，打发无聊时间的依托，一种心理的慰藉，一种消费文化。

2. 产品与竞品

润喉糖按品类主要分为药品、保健品、食品三大类，药品的以金嗓子喉宝、三金西瓜霜等为代表，药准字号，质量偏重治疗，价格实惠，品牌沉淀较久，销量比较固定，但难以大增长；保健品是食健字号，以潘高寿、念慈庵等品牌，价格走中高档路线，基本在每盒15～20元，没有明显的优势，市场份额不大；食品以王老吉、荷氏等品牌为主，价格在5～10元之间，全渠道销售，市场份额较大。江中制药的亮嗓、桂龙药业的慢严舒柠糖前期市场投入较大，发展势头不错，值得关注。润喉糖产品除了药准字号的外，王老吉润喉糖和其他大多润喉糖一样都是定位为“爽”、“舒爽”、“喉爽”等，缺少差异化定位，消费者很难区分，往往是根据价格随机选择品牌来购买，因而品牌和渠道建设都不太好的企业，其销售规模很难做大，消费者的首选品牌比较分散。

3. 销售与市场

王老吉药业有两个部门同时销售润喉糖，食品部以销售王老吉凉茶（利乐装）为主，润喉糖的销售额小，不被足够重视；而药品部以药店、商业公司为主渠道，无法覆盖商超、士多等渠道，市场投入不大。目前，王老吉药品部只是通过渠道的覆盖和品牌的拉力，以自然销售为主，市场推力不足，没有电视广告的配合，区域分布不广（主销区集中在两广）。面对来势汹汹的竞品，如果不加强宣传力度，药品部很难实现润喉糖的销售目标，而仅仅通过零星的赞助、赠送式的形象宣传，效果不明显。

策划方案

针对以上环境和分析，为实现润喉糖三年翻番、五年五亿的战略目标，在组织架构等不变的情况下，必须变革营销策略，努力开创单品王者的新局面。

产品（P）

1. 定位

“王老吉”三个字在消费者心中的首选是凉茶，然后是“吉文化”。由于食品不能宣传功能，只能强调文化，因此，无论是过去定位润喉糖的“舒爽”还是其他什么爽，都很难和竞争者有所区别，故以为应该延续王老吉的吉文化对润喉糖进行定位，既能连贯又能有所区别，如：

王老吉润喉糖，至吉利的润喉糖。

王老吉润喉糖，吉利每一天。

剧情：早上，一对年轻的夫妇开车送小孩回学校，妈妈给小孩一盒王老吉润喉糖说：“开心每一天！”上午，秘书妈妈参加商务会议谈判成功，给老总们送上王老吉润喉糖说：“顺利每一天！”下午，出租车先生开车平平安安，无聊时吃王老吉润喉糖，旁白：吉利每一天。王老吉润喉糖，至吉利的润喉糖。

2. 包装

纸盒28g（10s）不变。

铁盒56g（20s）外包装不变。

铁盒46g（20s）建议参考铁盒56g的内外包装，但需要特别突出超强薄荷味即经典加强，以区别绿色的原味。这个“经典加强”不能直截了当表达产品的口感和味道，消费者看不懂，应该改为口味类型，如薄荷味、水果味等。

以上三种基本为同一款润喉糖的包装风格。

3. 规格

除现有的3种规格，建议增加一个250g的罐装（礼盒装），主要是针对家庭和办公室消费、送礼消费、节日消费，适宜在大商超等渠道销售。

4. 品类

建议增加王老吉利咽糖、王老吉枇杷糖。这两款可以先做一种规格的铁盒装。这样，王老吉糖就有3个品种6个规格，既能抢占终端陈列等资源，解决费效比，又能满足消费者的需求，增加销售，创造利润。因为王老吉润喉糖的优势不在产品，而在品牌、渠道和相对较适宜的价格。

保守估计一个品种在推出的第三年内能超过5 000万元，合计超过1.5亿元，能形成强大的品牌和市场优势，让竞争者无法挑战，巩固自己在润喉糖市场的领导地位，树立王老吉糖——至吉利的糖的品牌定位。

表1 王老吉润喉糖系列

产品	规格	包装	口味	定位
润喉糖	28g×10s	纸盒（绿色）	原味	低端普及型
润喉糖	56g×20s	铁盒（绿色）	原味	主打规格
润喉糖	46g×20s	铁盒（红色）	薄荷味	高端差异型
润喉糖	250g	礼盒（塑料）	水果味	家庭公司型
利咽糖	56g×20s	铁盒	薄荷味	主打规格
枇杷糖	56g×20s	铁盒	水果味	抢占竞品型

价格（P）

（1）建议在改好包装之后再涨价，涨价幅度建议不超过10%。必须牢牢记住，终端的零售价最好长期稳定，不要随便涨价，保持纸盒的5元、铁盒的10元这样一个心理价格，让新进的竞争者难以超越。有销量自然就有利润了。

（2）在医药商业，适当加大一些让利，保证商业公司有利可图，这样商业公司的销售积极性会得到极大的提升，通过商业快讯推广到更多的药店终端。

（3）最好能签订单品种协议，年底加大奖励力度。

（4）或者考虑把薄荷味即加强型的润喉糖升级为高端产品，达到连锁首推的要求，专做连锁首推，和竞品抢占店员资源。

渠道（P）

（1）必须保证王老吉在快消渠道的优势不能失，只能加强，特别是在卖场、商超、便利店、加油站、网吧等。

（2）必须加强终端的销售力度，加强和连锁企业的合作。

（3）加强和各省不断涌现、不断强大的单店联盟合作。

（4）加强电商销售。可通过授权或生产某一规格产品供给电商代理，只在电商渠道销售。

促销（P）

（1）作为促销品，由于是冲动购买者居多，必须抢占连锁药店的收银台，在收银台做好产品陈列；和收银台合作开展加N元换购一盒，或第二盒半价的促销活动。

（2）经常针对司机一族、上班一族、网吧、学校进行各种促销推广活动，如免费派发，制作一批能装润喉糖、能挂在司机车上的礼品，强化对重点人群的宣传。在交通安全日、教师节等开展公益爱心宣传活动，提升品牌满意度。

（3）经常开展针对药店、消费者的终端促销活动，加大赠品的派发，产品是最好的广告，尝试后总会有回头客。

（4）加强对网络的促销和宣传推广力度，网购是年青一代的购物首选。

品牌（B）

（1）以公交车的车体广告为主，以交通广播的广告为辅。在预算够的前提下，在重点省份能做点黄金时间的电视广告就更好了。

（2）继承并不断延伸王老吉的“吉文化”品牌定位，经常开展社区消费者教育活动，如春节送对联送灯笼等传递吉祥的活动。

（3）坚持“开心每一天，至吉利的润喉糖”的品牌定位，紧紧抓住核心顾客，即司机、学生、教师为主要的群体。

（4）维持目前的网络广告量，必须要保证这个品种的预算，不能转移支付。

顾客（C）

（1）针对的目标顾客是学生等年轻人和司机等要打发无聊时间的人群，开展针对性投放和促销。

（2）学生等年轻顾客，追求变化和时尚，所以要大力发展电商和网吧等特殊渠道的销售，包装要适合年轻人的审美观点。

（3）打发无聊时间的人群，最明显的是司机一族。目前广州市的机动车保有量达300万辆（全国是2亿辆），若每一辆车一年消费4盒，一年就是1 200万盒，销售额达到6 000万元以上，所以，值得加大对这类人群的投入。

（4）绝大部分的顾客都不是用润喉糖治病的，或许只是感觉到咽喉有一点点不舒服，或者是为了提神、清新口气、打发无聊时间等，因此，通过“开心、吉利、顺利”这样的情感诉求，特别容易获得司机、学生这类顾客的认同。

效果评估

今年，王老吉药业药品部已经按照本策划案的构思，逐一落实。首先是对产品的包装、规格、口味等进行变革，经过政府部门的相关规定备案审批后，考虑到原有包装材料库存等因素，估计要到2015年才能全面推出系列产品，施展全新的市场策略，用精准的定位、愉悦的文化，感动顾客，成就品牌。

总之，做大单品、单品为王是王老吉润喉糖的最优策划。我们期待通过创新性的执行，能使我们在预计的时间内把润喉糖做大，成为润喉糖品类的王者。

（作者：柯华松，选自王老吉药业内部策划文案）

新峰药业单品突破策划方案

广东新峰药业股份有限公司（原广东博罗先锋药业集团，下称新峰药业）是一家以中、西成药生产经营为主的国家级高新技术企业、广东药学院附属药厂，创建于1970年，1995年8月18日成立集团公司。公司先后获得中国高新技术企业、广东省民营科技企业、广东省著名商标企业、广东省名牌产品生产企业、广东省中成药20强、广东省制造业企业100强等多项荣誉。

新峰药业的发展优势

1. 品种优势

公司现有生产批文181个，品种、规格的数量优势在全国制药企业当中比较突出，公司有全国独家品种2个、国家中药保护品种3个、列为国家基本药物目录品种41个。地龙注射液、毛冬青注射液为目前国内独家生产品种，公司现有中药注射剂产品12个，为目前广东省中药注射剂品种规格最多的厂家之一。

2. 资源优势

公司培育有头孢拉定干混悬剂、鱼腥草注射液、肿节风注射液、喉疾灵片、龋齿宁含片等多个品牌产品。公司生产的“棒仔”牌头孢拉定干混悬剂是国内较早投入市场并进行品牌运作的产品，经过16年的培育，目前国内市场占有率、销售价格处于领先地位。鱼腥草注射液、喉疾灵片等多个品种获得广东省名牌产品称号，是目前市场上的热销品种，价格、品牌均优于同类企业，已在市场上形成自己的品牌。

3. 销售网络优势

公司目前分普药、OTC、大包及贴牌三线销售，同时经过多年的市场培育，形成了“感冒类”、“咽喉类”、“头孢类”三大独具特色的产品体系。据有关权威资料统计，由该公司生产的柴胡注射液、罗通定注射液、千柏鼻炎片在全国所有厂家中销量排名第一，复方感冒灵片、感冒清胶囊排名第三，公司在普药市场的占有率优势明显。

公司存在的问题

（1）核心产品的培育工作力度不够，缺乏竞争力产品及拳头品种。到2011年为止，年销售额超2 000万元的品种没有一个，超过1 000万元的仅有三个，公司在市场上没有一个有绝对影响力的品牌品种。

（2）科研平台利用不足，新产品开发工作乏力。以公司为中心的技术创新体系尚未形成。公司虽已建成省级企业技术中心及工程技术中心，但新药创新投入不足，基础薄弱，产品更新慢，缺乏能形成规模、高技术含量与较高附加值的其他新产品。

（3）营销模式落后于医药行业发展形势。到目前为止，公司仍以大物流普药销售为主，OTC、临床开发尚处于起步阶段，销售对市场的掌控力偏弱，盈利能力偏弱。

（4）产品结构调整步伐不快，品种竞争优势不突出。公司虽然品种众多，但绝大部分为普药，近年来取得国家四类以上的新药为零，后续品种储备不足，而且公司的九个剂型全部为传统剂型。公司在增加具有市场竞争力的产品品种、调整产品结构方面需要加快步伐。

（5）公司缺乏一个成功的盈利模式，企业利润低。主要体现在成本控制方面效果不明显，市场营销受制于品种结构及营销模式影响，利润率低，企业经济效益近年表现不佳。

新峰药业制订的五年发展规划

按照基础扩张、资本扩张、品牌扩张三步走的发展部署，新峰药业重点从产品、营销、品牌三个基点有效地开展工作，不断地构建和培育企业的核心竞争力。

加大产品开发力度，加快项目建设速度，完成基础扩张战略，把公司打造成一个集中、西成药生产、销售的现代化制药企业。争取到2015年实现销售规模5亿元，促使企业跻身于广东省制药企业50强、中国制药企业500强行列。打造一个以上销售额超2亿元的单品，培育多个年销售额超过5 000万的重点品种集群，形成系统产品品牌优势，力争成为中国第三终端第一品牌。

具体措施

1. 营销策略

按照“做大一个品种、发展两个终端、加强三级分销、打造四大基地、实现五亿规模”的整体思路，找准市场基点，抢占及利用国家新医改政策优势，以为国内广大社区医疗机构及农村卫生院提供最好的药品及服务作为企业的市场宗旨和使命，致力于打造第三终端市场领先品牌。

以推进营销升级作为公司中期目标，根据公司产品特点实行普药、OTC、临床三块分线销售，采用“普药分销+终端布网”双管齐下的营销模式，促使销售网络下沉，在稳中求进的前提下提升公司整体销售业绩，保障公司发展战略的实现。

做好销售模式转型工作，用三年时间将市场驱动型销售模式转变为终端拉动型销售模式，用五年时间实现销售翻两番，同时打造年销售额过亿元的品种一个，年销售额过5 000万元的品种两个，逐步打造一个品牌系列并形成在市场上的影响力。

2. 产品策略

以二甲及以下县级医院、社区医疗机构及农村卫生院作为目标市场，依托广东省中草药注射剂研发中心、广东省技术中心等技术平台，通过产品二次开发，进一步挖掘企业现有基药市场潜力，着力打造“华南中药注射剂基地”、“肝胆用药专家”（消炎利胆片、利胆排石片、护肝片、鸡骨草肝炎颗粒、复方胆通胶囊、熊去氧胆酸片等），通过开发、仿制、收购等多种手段，形成自身核心产品系列（中药注射剂、肝胆系列产品），仿制一批在第三终端销量较大的品种，逐步增加集团的主营产品，快速形成企业的整体销售规模。

采取产品聚焦战略，重点选定一个品种或一个系列品种，从研发入手，通过产品二次开发或提高质量标准，建立技术壁垒；完成生产监管，形成质量优势；强化品种宣传及促销力度，逐步提升品种的知名度及市场覆盖率，并用五年时间形成一个在市场上有绝对影响力的拳头品种。

3. 品牌发展策略

以市场聚焦为核心，以产品带动品牌发展，实施多品牌战略，重点打造感冒消炎类、咽喉类、头孢类三大品牌产品系列，规范CI设计，通过局部拓展的方式，逐步培育，并最终在第三终端形成自身的品牌优势，为企业开拓更加广阔的发展空间。

目前企业战略规划面临的问题

1. 重点培育品种的选择

按照“做大一个品种”的战略思维，根据公司现有的品种资源，如何正确地选择一个具有培育潜力的品种，及产品选定后系统培育方法的制定，困扰着领导的决策。

（1）柴胡注射液。

优势：市场占有率位居同类生产厂家前列，有工艺及质量优势，有一定品牌知名度。

劣势：生产厂家多（115家），竞争激烈；注射剂型，品牌宣传及传播方式受限制。

机会：国家基药品种，市场容量大，目前市场上无绝对领头企业，基药质量标准的提高带来市场重新洗牌的机遇。

威胁：过多生产厂家竞争及国家政策调整带来不确定性，招标政策导致品种利润率偏低，投资回报率达不到要求。

（2）千柏鼻炎片。

优势：市场占有率位居同类生产厂家前列，具有一定的规模效益及市场基础，生产时间长，在行业内具有一定知名度。

劣势：生产厂家多（50家），产品老化，同质化竞争激烈。

机会：在部分省份属基药增补品种，市场容量大，目前市场上无绝对领头企业，在第三市场正处于上升阶段。

威胁：产品同质化导致品种利润率偏低，同类品种多，很难建立品牌优势。

（3）抗骨增生片。

优势：市场占有率高，有一定规模优势及行业知名度，消费者对公司产品有信赖度。

劣势：生产厂家多（122家），产品同质化竞争激烈。

机会：在部分省份属基药增补品种，市场容量大，属患者长期用药品种，对品牌的依赖度较高。目前市场上无绝对领头企业，品牌推广回报率较好，有价格空间。

威胁：过多生产厂家同质竞争使企业增加品牌投入风险。

（4）感冒灵颗粒。

优势：有一定规模及市场基础优势，产品疗效得到患者认可。

劣势：生产厂家多（38家），市场占有率及品牌知名度低，对终端渠道的掌控度偏低。

机会：在部分省份属基药增补品种，感冒常用药，市场容量大。原品牌领导企业三九药业的该产品正处于产品成熟收割期，品牌的影响力及掌控力削弱，留下了市场空间。

威胁：过度成熟品种，领导企业已掌控核心市场资源，产品成本波动大。

2. 如何利用系列用药产品品牌的打造来塑造企业的形象

公司现有几个有优势的剂型：

（1）中药注射剂。

优势：品种规格多，有一定的工艺及质量优势，利润率高。

劣势：国家关于中药注射剂发展前景的政策不明，质量风险大，对核心主市场（临床）掌控力弱。

（2）头孢剂型。

优势：有一定品牌基础，容易上量。

劣势：抗生素限用令使头孢类市场发展空间受到很大抑制，竞争激烈，没有规模及产业链优势。

（3）感冒消炎类用药。

优势：品类丰富［复方鱼腥草片、通宣理肺片、银翘解毒片、穿心莲片、感冒灵颗粒、感冒灵片、复方感冒灵片、感冒清胶囊、感冒退热颗粒（无糖）、感冒解毒颗粒、咳特灵胶囊、止咳枇杷颗粒］，规格剂型齐全，市场空间大。

劣势：缺乏有竞争力的拳头品种，产品同质化竞争激烈，领军企业多，品牌形象建立难度大。

突破口在哪里？

按照“做大一个品种、发展两个终端、加强三级分销、打造四大基地、实现五亿规模”的战略指导思想，做大一个品种是战略；发展两个终端是硬件；加强三级分销是前提；打造四大基地、实现五亿规模是目标，是执行战略的结果。那么，问题的关键是怎么做大一个品种。

1. *产品*

产品的品质疗效是基础，有品质不一定能做大，没有品质肯定做不大。产品的差异化是重点，没有差异化，就很难定位，无法在竞争中区隔消费者，形成自身的竞争力，所以有差异才有发展。另外，在寻找产品过程中，差异化的定位除了看竞争对手还要看自己的优势，例如新峰药业要把感冒灵颗粒作为重点培育品种做大，但是消费者认可的是三九感冒灵颗粒，要成为消费者能接受的第二选择，就必须要有差异化，如果找不到产品的差异化，就只能另辟蹊径了。

笔者根据市场竞争和发展潜力等多种因素，结合企业的实际情况，提议把感冒解毒颗粒打造成企业的品牌产品，原因有以下几个：第一，从品类看，感冒药的市场份额足够大，产品说明书明确写明可以治流感，这就是差异化，虽然感冒药市场竞争也大，但找准突破口，容易上量；第二，从产品本身看，定价比较自由，毛利率比较高，产品的名字通俗易懂，省了很多宣传教育成本，产品的原材料等有保障；第三，从市场看，中成药治感冒一般定位为抗病毒（抗流感）和抗感染（清热、消炎）两类，从解毒方向来定位的没有，至少没有领导品牌，容易形成差异化传播，植入顾客心智。

2. 价格

作为OTC的品种，价格和价格链很重要，如果价格是受国家管控的，没有提价的空间，很难操作；如果价格链没有让每一个环节都得到合理的利益，也很难做大。虽然从今年7月1日起，国家发改委放开了低价药品的管控——西药的日均疗程费用不高于3元、中成药的日均疗程费用不高于5元，就可以让企业自主定价，但由于招标和市场竞争的影响，实际可操作性还是不强。

3. 渠道

如果是专科用药，渠道必须窄而短；如果是处方药，渠道必须专而独；如果是OTC，渠道必须广而宽。要形成渠道的势能，就是让渠道之间有落差，能赚到钱；而不是互相攻击，搞坏关系。

4. 促销

促销虽然是战术，但如果没有足够的利润空间，企业是无法开展促销活动的，更别说品牌推广了。这既和价格有关，又和促销相连。无论是对药店或消费者的促销还是对医生的促销，概莫能外。

5. 品牌

由于企业品牌从“先锋”改为“新峰”，之前几十年的品牌积累基本上丧失了，而且无论用先锋还是新峰，对消费者而言都是陌生的，之前不过是渠道品牌或专业人士知道的品牌。要打造一个大品种，可以直接用新的商标，树立新的品牌，这更有利于营销拓展。

6. 运营

战略一旦确定就不能轻易改变，要义无反顾地执行。战略能否落地，关键在于运营，运营的关键在于人才，而人才恰恰是中小企业最缺的资源。

结语

中小企业之所以小，往往是因为品牌力不够大，品牌力不够大，就无法通过品牌来提升品种的销量。所以，中小企业想通过企业的品牌来提升销量，往往是失败的，很难在消费者心中留下印象。

要发展壮大，必须做大品牌；做大品牌，必须依靠产品销量的增加；销量增加的最好途径是单品突破，形成强大的推力。把满天繁星型的产品培养成月亮型的产品，才能吸引消费者，成就品牌。对于OTC大健康的快消品，销量和品牌是互相依存的，没有销量就没有品牌，没有品牌也很难有大的销量，销量是基础，品牌只是结果，销量的不断增加和放大就是品牌不断积累和放大的过程。

（作者：柯华松，选自新峰药业内部策划文案）

渠道策略篇

QUDAO CELUE PIAN

OTC管理：要上量，先掌控渠道

三级渠道促通深度分销

2006年是我国实施“十一五”规划的开局之年，国家发改委在《医药行业“十一五”发展规划指导意见》中明确规划了未来5年我国医药发展的主要方向和任务，特别强调要整合各种资源加快医药市场的发展，培育具有国际竞争力的大型医药集团。根据国家发改委“十一五”医药行业发展的战略定位，结合目前现实的市场状况，可以明显感觉到医药行业“强者越强、弱者越弱”、话语权寡头化的变化。大胆预测，未来3～5年医药行业将走向“销售集中化，利润二元化”的发展模式。

所谓“销售集中化”，是指在商业销售领域会逐渐形成寡头。从广东医疗机构以厂家为招标对象的限价竞价挂网阳光采购，到北京社区医疗机构招标指定配送商的选择，可以看出政府整合资源扶强扶大的良苦用心。“利润二元化”即商业企业更多地依靠做大做强争取厂家给予更多的奖励、返利、佣金以及广告等其他资源；总代理、总经销、包销制等是商业企业获取超额平均利润的另一重要手段。

医药工厂要在整合、集中、做大的旗帜指引下先拔头筹、一路领先，必须要有四轮驱动——品牌驱动、渠道驱动、顾客驱动、利益驱动，其中渠道驱动是原动力。特别是在普药的销售中，三级渠道管理将是争夺渠道话语权、实现深度分销的重要筹码。

三级渠道和谐流转

医药工厂要想将产品销售到顾客手里，需管理好一级经销商、二级分销商和三级促销商（终端），充分发挥每一级渠道的作用，科学维护每一级渠道的利益，使产品在通路中能顺畅和谐地流转，直至到达消费者手上。

一级经销商：它指直接在医药工厂开户，签订一级经销商年度购销协议的商业企业。选择一级经销商的关键是看配送能力、资金实力和发展潜力，关键词是“适合”。对于年销售5亿元左右的OTC药企，全国的一级经销商以100家左右为宜。

二级分销商：它指与一级经销商签订二级分销年度购销协议，通过其与一级经销商发生经销业务关系的商业批发企业。选择二级分销商的关键是看网络覆盖能力、运营管理能力及发展特色，关键词是“差异”。二级分销商的数量至少应是一级经销商数量的3倍。

三级促销商：它指与一级经销商或二级分销商签订三级促销年度购销协议，并通过其与之发生购销业务关系的重点零售（连锁）企业。选择三级促销商的关键是看单店销量、品牌影响力，关键词是“合作”。全国有30多万家药店，能发展并管理好3万家三级促销商就是比较理想的了。

一级经销商是医药工厂的产品“蓄水池”，承担着“旱涝保回款”的责任，必须保证合理的库存量；二级分销商是产品通达各区域、阡陌纵横的“水管”，起到泄洪的作用，重点是不淤塞、流畅；三级促销商是产品到达消费者手上的最后一个环节，即“水龙头”，只有保持“水龙头”长期打开的状态，产品才会顺利流动，使深度分销落到实处。

三大作用逐利市场

实施三级渠道管理是医药企业对市场进行精细化运作、实现深度分销的必然选择，其实质是通过满足各级渠道价值链的需求，使企业产品在各环节快速、顺畅流动，实现销售。其目的是提高企业产品在市场的覆盖率、占有率，取得相对的市场竞争优势，从而获得稳定、持久的利润。

目前，仍有相当一部分药企没有实施三级渠道管理，仍停留在“有奶便是娘”的传统渠道模式。哪个客户愿意经销，哪个客户愿意打款，便给予开户、发货；为了完成销售任务，销售人员或凭空承诺客户提出的要求，或逐个忽悠客户，或纵容甚至主动要求客户低价抛货，这种“十个杯九个盖”的障眼法总有一天会瞒不住，其后果是企业成品库存极大，市场价格混乱，客户怨声不绝，最终被客户抛弃而黯然退出市场。

三级渠道管理的作用，不仅是要发挥各级渠道成员的职能，也要充分发挥厂家渠道的作用；不是把产品销售给一级经销商便完事，还要共同把产品分销出去，到达消费者手中。

1. *覆盖作用*

一级经销商承担的主要职能是帮助客户把产品卖出去，直至回款、配送，但仅靠一级经销商自身的网络，很难达到厂家要求的“横向到边，纵向到底”的无缝覆盖水平。只有通过三级渠道模式，将终端客户、区域商业客户、销售网络互补性客户纳入厂家的渠道圈，才有利于铺货，有利于覆盖，有利于销售；只有通过各级渠道成员的梳理、整合、归拢，帮助客户建立、扩充网络，才能使客户得到实实在在的帮助。

2. *稳定作用*

各级渠道成员均受到厂家的重视，享受到厂家的服务，得到厂家的利益，忠诚度便会提高，销售也才有保证。没有后顾之忧，货如轮转，有利于维护稳定的客户群，有利于维护稳定的市场价格，有利于推动销售。

3. *服务作用*

市场竞争越激烈，厂家的投入就越大。卖哪个品牌的产品，不是商业公司说了算，而是厂家说了算。因为，搭好了舞台还要唱好戏，厂家只有沿着各级渠道成员的网络，开展各种有效的促销服务，才能吸引顾客，促进销售。

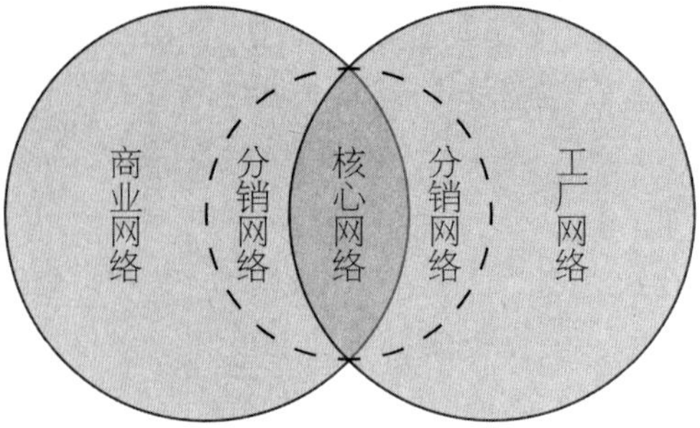

图1　三级渠道厂商网络分销图

利益均衡是渠道管理的关键

实施三级渠道管理能否成功，关键在于能否满足各级渠道成员的利润需求。而渠道成员利润的多少，取决于产品市场价格的稳定，科学的价格体系依靠高效有力的执行团队。加强对商务队伍的管理、培训、考核，保持政策的稳定性，加强纪律性，才会有销售的无往而不胜。

二级分销商一般是区域性的商业公司，规模小、实力弱、网络替换性大、管理水平一般，且大都喜欢追逐短期利益，卖一件产品就要赚一件产品的钱，缺乏忠诚度，缺乏长期合作的心态。因此，能否帮客户把产品卖出去，关键是能否维护良好的价格秩序。

三级促销商是企业产品与消费者接触的前沿阵地，是重要的销售窗口，必须维持窗口良好的形象，保持和三级促销商紧密的合作关系。当然，厂家可以通过广告"征服"消费者，也可以通过利益"征服"三级促销商。随着平价药店业态的崛起，大鳄般的销售终端胃口大增，从而掌握了更多的话语权。他们对厂家2~3个点的返利不屑一顾，经常举起价格大旗，市场价格秩序由此步入"春秋战国时代"，上游渠道成员苦不堪言。因此，要保证三级渠道的成功，价格维护的"亮剑行动"必须从终端做起，把重点的三级促销商做好。

终端价格稳定合理，就会像有势能的水龙头一拧开，"水"就潺潺地流到客户手里一样。若终端价格倒挂，水龙头的水便会回流到"水管"（二级分销商），再倒灌回"水池"（一级经销商），挤压厂家的销售，厂家就被动了。

维护终端合理的售价，除可以签订双方战略合作协议、确保品牌服务利益共享外，在战术层面，可以采取"弃卒保车"、"合纵连横"、"完璧归赵"、"曲线救国"等方法攻其弱点，以求重点突破。

要帮助客户把产品卖出去，除了科学的价格体系，还要有强有力的执行团队。渠道销售最常用的两招是压货和回货，这在新兴市场、成熟市场都适用，它们相互作用、相得益彰。

所谓压货就是商业公司先进货、多进货，然后再帮助其分销，诸如开订货会、拓展会，搞买赠促销、佣金奖励、小商业公司再分销等，都是惯用的手段。商业公司重在压货，终端重在拉动。回货是指创造了需求，产品已动销，商业公司愿意再补货销售。广告宣传、品牌带动可以使商业公司快速回货，销售部“地面部队”的跟踪落实亦至关重要，如渠道成员的拜访、说服、签约。终端促销、推广活动，产品当地化销售及对跨区窜货的处罚，客情关系维护等优质的营销服务，让客户“面子”、“票子”的需求都得到了满足，压货和回货便不是一件难事了。

为了使各级渠道成员在供应链、价值链上的利益得到均衡和满足，工厂企业有必要对产品群进行重新设计及定位，让集客品种、盈利品种、兼容品种等各自的优势、特色发挥到极致，破除“畅销产品不赚钱、赚钱产品不畅销”的困局。这样，三级渠道管理将大大得到升华，渠道依赖性加强了，而控制权仍在厂家。

价值链是渠道管理的核心

实施三级渠道管理，在操作层面常会遇到以下几个问题，应引起管理层的足够重视，并采取相应措施予以解决。

1. 关注“三流”

三流即流向、流速、流量。流向是指一、二级渠道销售的产品从哪里来、往哪里去；流量是指销量的大小，渠道增长率的高低，占有率的多少；而流速即指产品库存周转率、购买频率的高低。这3个指标能为营销决策提供重要的依据。

流向单作为二、三级渠道的销量证明，是厂家返利的重要凭据，它的真实性、准确性、及时性常令厂家管理层头疼，虚假流向获取了返利的话会破坏市场的价格秩序，触动三级渠道管理模式的根基。现在有些厂家除了要求经销商提供产品的流向单外，还要求分销商提供进销存表。有些企业在内部建立的三级渠道分销数据树形图也起到了有效的监控作用。较大的一级经销商已开发了较成熟的销售软件，流向、流量、流速一目了然，只要交纳一定的费用，即可凭密码上网查询了，但流向查询打印费也是一笔不小的费用。

2. 分销量的标准

在各级渠道成员选择及数量分配合理的前提下，原则上，二级分销额占一级经销额的50%～60%，三级促销额占一级经销额的10%～20%，一级经销商自身销售额占其销售总额的20%左右。

由于三级促销商的销量是终端的真正销量，考核三级促销商的销量有利于提高产品在区域市场的占有率，准确判断区域客户本地化销售的能力，有效考核业务员开发本地市场的力度。而且，还可以和OTC终端推广结合起来，互相配合、互相监督，这对OTC销售和商务队伍的建设大有裨益。

3. 人员的考核

业务员都愿意负责一级经销商，收款发货简单明了且直接见效，回款的多少往往又是上级领导评价业务员能力的重要标准。而跟踪二、三级客户的业务员，工作比较烦琐，难度也更大，收益却不一定大。因此，调整对业务员薪酬的考核方法尤为重要，正如IBM总裁郭士纲所言："人们只会做你检查的事情，而不会去做你期望的事。"那么，期望业务员做什么，你就应考核什么。所以，加大对业务员二、三级分销任务的考核是提高团队执行力的良好手段。

营销渠道代表了一个企业的营销水平以及营销所覆盖的面积。在产品同质化、销售趋向集中化的环境下，渠道驱动是霸占渠道资源、打压竞争对手的有力武器。渠道管理的核心是为各级渠道成员实现销售并创造利益，不仅是向客户卖产品，更要帮客户创造一个促进产品顺畅销售的价值链，使链上各环节的利益均得到均衡和满足，顺畅地帮助客户把产品卖出去，将渠道驱动工作推上一个新台阶。

（作者：柯华松，原载于《医药经济报》，2007年3月23日）

招商和自营的选择策略

背景案例

招商代理是时下许多中小药企赖以生存的营销模式。不少著名品牌企业近年来也通过招商代理销售自己的二线品牌和闲置品种。但是，当一个企业到了必须用一种模式取代另一种模式的关键时刻，比如企业要通过自建队伍来快速做深做透市场、强化品牌时，原有的招商代理模式就将面临转型。

×药企的年销售额已过5亿元，自2000年创立以来，一直靠招商代理销售产品。经过多年的苦心经营，其招商营销和品牌形象在业内有口皆碑。从去年开始，这家企业的最高经营决策者从企业发展战略考虑，决定把招商代理制转型为自营模式，营销方式也将发生根本性的转变。然而，要不要转型？何时转型？如何转？如何解决转型可能产生的后遗症？

主 持 人： 代　航

讨论嘉宾： 赖逢胜　中智药业集团营销中心常务副总经理

李建新　江苏晨牌药业有限公司董事长

柯华松　广州花城制药营销中心总经理

品牌化：自己的孩子自己养

代　航：您如何看待和评价国内的医药招商代理制？对于一些致力于品牌化运作的药企而言，您认为招商代理制最大的问题是什么？

赖逢胜：我国的招商代理制，在过去、现在和将来都会有属于它的空间。招商代理是绝大多数企业在发展初期通常选择的出路之一，目的是较快地做“点”，虽然粗放，但也能在起始阶段完成一定的渠道开拓、洞悉市场信息和需求等。

招商代理制转型是企业做强、做大的必然选择，这是战略性问题和战略性选择。转型的最大问题在于转型涉及利益层面的问题。有高度责任感的企业在招商转型时不仅要考虑企业自身的发展问题，更重要的是要考虑客户和销售员的利益。如何保护客户和销售员的利益？保护得好不好？这些都是决定转型结果的因素。

柯华松：目前，国内医药招商代理制从企业资质角度来分主要分为三种类型：一是有很多产品批文的企业，其营销战略以招商代理为主；二是企业规模小，没有队伍和营销能力，企业营销战略以借力代理为主；三是企业有自己的品牌推广品种，以少量的招商代理避免产品“沉睡”，但其销量仅是一个补充。企业营销战略以建立自有品牌品种为主，大部分药企为第三种类型。

从市场化角度来分，招商代理制也主要有三种类型：一是以医院销售为主的处方药招商代理；二是以OTC销售为主的二、三级终端招商代理；三是以大包——全国总代理、再转包给各省市、再招商代理为主的模式。当然，成功机会较高、企业采用较多的是第一种模式，因为医院销售更多的是依托关系、客情、区域、灵活等因素，由于费用大、起效慢、队伍管理也难，厂家自建队伍做全国医院销售的是越来越少了。

自己的孩子当然最好是自己养，对致力于品牌化运作的药企而言，招商代理制很难甚至无法让药企实现品牌梦想。因为招商代理难以解决品牌发展必须具备的几个要素：广告、定位、聚焦、利益、持续、长久。

远景营销：代理商当“父母”

李建新：江苏晨牌药业在2004年开始推出“远景营销”模式，放弃自己的销售队伍，倡导“以代理商为衣食父母”的经营理念，通过全力打造药品生产平台，招商代理，整合资源，找到了一条适合自身发展的快速通道，使企业得到了较快发展。我们的体会是招商代理制包含了专业合作、优势互补、资源整合、合作共赢等诸多要素，是中小医药企业集中优势资源，在短时间内提升企业形象、扩大市场占有率、实现快速扩张的良好模式。

实施招商代理制，一是对企业诚信度的拷问，晨牌药业提出“坚决不做市场”，全部交由代理商来操作，确实需要一定的勇气和魄力。只有勇敢走出这一步，才能使代理商放下后顾之忧，全身心地投入代理品种的市场运作。二是对品种的选择，晨牌的招商品种一直遵循着“量身定做”这个原则，根据代理商的特点和需求来研发适合他们操作的新药品种。三是赋予品种以企业文化的内涵，良好的企业文化是“远景营销”最具感召力的内涵，而正是这种内涵的彰显才能与代理商、研发商取得默契，共享成功。因此，对“远景营销”简单的复制是无法达到预期目的的。

现在，业界都认为招商代理制最大的问题是对终端的掌控，而我们认为终端其实不在于“为我所有”而在于“为我所用”，如果你的品种即使是具有专业素质的代理商也无法操控时，说明你的品种或服务有问题。招商代理制遇到的最大问题应该来自不确定的政策变化，特别是医疗制度改革和一系列的地方改革政策的出台，如“两票制”、“一品两规”等，使一些企业和代理商对招商代理制产生了疑虑。

转型障碍：利益和队伍

代　航：背景案例中的×药企是否到了必须转型的阶段？转型最大的障碍将来自何处？

赖逢胜：转型的最大障碍来自自身。只有自己把转型的重要性认识清楚了、看明白了，这个转型才能顺利。如前所言，客户和销售员的利益得到满足和保护后，转型必然能成功，这也是展现企业气度和魄力，获得认可与支持的前提。

柯华松：就本案而言，×药企用了将近10年的时间，实现销售规模过5亿元，应该说具备了转型的条件。通过之前的招商代理实现了利润，发展了网络，培育了市场，教育了顾客，要转型自主销售、创建品牌，最大的障碍也许是营销队伍的建设。因为两种模式对营销队伍的要求大相径庭。事在人为，老板有再好的战略，若没有营销队伍的落地执行，也只是空中楼阁。营销不再是过去一两个营销英雄式的人物就可以驱动市场的，今天的市场必须依靠团队共同努力，必须依靠系统的力量才可以成功。而且，队伍的建设也非一朝一夕的事，除了需要团队领袖，更需要完善的模式、科学的方案、系统的培训、有力的执行、适度的试错、厚重的沉淀。

转型是痛苦的，痛苦是因为要放弃已拥有的，是因为要付出更多，却不知未来是否仅仅是个梦。

二次转型：代理商转药代

李建新：企业要不要转型，关键看它所处的发展阶段和市场环境。如果有障碍，那一定来自最高经营决策者。2004年，我们提出“营销似水”，即水适应于杯子，就成为杯的形状；水奔流于大地，就成为江河；江河汇聚，就成为海洋。鉴于对营销方式的这种感悟，我们经历了第一次商业模式的转型，即从自己建立销售队伍转型到纯代理模式，于是就有了“远景营销”模式的推行。通过第一次转型，企业经受住了“非典”、医药市场整顿、医药市场恶性竞争等考验，得到较快发展。4年后，宏观经济环境发生了翻天覆地的变化，加上基本药物制度的出台，处方药市场“一品两规”，OTC市场更是风云莫测。一些跨国企业加大OTC市场的推进力度，为了争抢时间，他们的首选策略就是收购、兼并那些OTC市场做得比较好的企业，拜耳收购白加黑就充分说明了这一点。可以预见，市场留给我们的机会不会超过2年，我们必须尽快抢占我们有可能进入的终端，以取得先机。因此，实施二次转型是我们不二的选择。

我们这次转型的内容有两个方面：一是由处方药市场转向处方药与OTC市场并举；二是将现有代理商转换为晨牌药业的属地化医药代表。通过1~2年的努力，让OTC市场的总量占整个销售额的50%以上，将现有50%以上的代理商转换为晨牌药业的属地化医药代表。我们的目标是通过这次战略性转型，使企业的销售增长率实现新的突破，提升晨牌药业的市场地位，以获得更大的竞争优势。

这次转型的任务更加艰巨，一是要延续和拓展“远景营销”理念，继续坚持我们“自己不做市场”的承诺，将原来提出的“把市场交由代理商去做”，拓展为由代理商、大物流、连锁药店等优质渠道按品种、规格、地域区分共同操作。二是要把握和占领市场新机会。新医改政策的出台在给我们带来新挑战的同时也带来很多机会，我们有20多个品种进入目录，市场容量可望大幅提高，也可借此提高晨牌药业的知名度和美誉度，因此我们要顺势而上，先人一步。三是要全心全意，全员参与，全力以赴、千方百计地重点拓展百强连锁市场。

模式无对错，转型要谨慎

代　航：请对类似本案的企业营销模式转型提几句忠告。

赖逢胜：企业的营销模式转型是一件大事，意气用事与草率行事都不是企业家所为。只有具备了天时、地利、人和等条件，转型才能成功。

李建新：企业转型一定要注意以下几点：一是转型的重要性，二是转型的必然性，三是转型的可能性，四是转型的紧迫性，五是转型的系统性。

柯华松：其实，转不转型不是最重要的，成功才是最重要的。条条道路通罗马，只要认准企业的战略定位，又具备相应的资源，坚持就会成功。当然，在转型中，把握时机、技巧、策略还是很重要的。招商代理是一种模式，自创品牌是一种模式，委托生产也是一种模式。模式无对错，成败在于自我。

代　航：点评嘉宾所在的企业都是我国成长型医药企业中非常具有代表性的创新型企业。江苏晨牌药业是业内著名的以做代理起家的企业，李建新董事长给我们披露了企业成功的二次转型，实际上是企业在不同发展阶段的两次主动战略调整，对业内的同类企业应该有很大的启示。中智药业集团可能也正面临与×药企相似的境况，赖逢胜常务副总经理指出，在企业转型过程中，主要领导的战略决策与落实步骤是否得力将是转型成败的重要力量。在业内颇负盛名的资深营销管理专家柯华松总经理则让我们从一位职业经理人的角度看到了转型的多种可能性。

新医改方案实施以来，特别是国家基本药物目录公布以来，以普药为主的医药招商代理制整体上都将面临转型的压力和挑战。可以预言的是，×药企面临的转型问题将会困扰越来越多的厂商企业。这不仅是营销模式的转型，可能更是企业商业模式、发展战略的重大调整。停滞将使我们衰败，变化则让我们崛起。

（作者：柯华松，原载于《医药经济报》，2009年10月29日，原题为“药品企业招商还是自营”）

OTC商务策略

OTC营销重在建立品牌，品牌的建立不仅仅依靠广告，正确的渠道策略也能为品牌加分，否则会极大影响OTC销售。与RX渠道相比，OTC渠道灵活多变更难操作，本文重点谈谈渠道策略中的商业渠道策略（简称为商务策略）。

策略离不开人，离不开团队。目前OTC的商务经理净收入不是太高，工作压力比较大，客户抱怨较多，队伍整体作战力不强，主要表现在：

1. 制度不完善

商务经理往往跟踪几个一级经销商，主要工作为收款、发货，终端、分销另有人负责。商务经理的业绩评判比较简单，往往只看结果不管过程，导致商务经理不太在乎销售制度，收到款是最重要的任务，也是领导评判其工作优劣的标准。

2. 销售无计划

大多数商务经理的月工作计划是领导安排什么做什么，能收多少款就收多少款，没有具体明确的KPI指标。其实，销售计划除了回款目标和其他定性、定量目标外，还要根据目标编制预算和预算分配方案，落实具体执行人员、职责和时间。

3. 信息无反馈

信息是企业决策的生命，业务员身处市场一线，最了解市场动向、消费者的需求特点、竞争对手的变化、经销商的要求，将这些信息及时地反馈给企业，对决策有着重要的意义。另一方面，销售活动中存在的问题，也要迅速向上级报告，以便企业管理层及时做出应变。然而，许多企业没有建立起一套系统的信息报告体系，未能及时收集和反馈信息。

4. 客户无管理

客户销售管理过程中普遍存在的问题是客户对企业不忠诚，出现窜货、应收账款回收率低、销售旧批号产品和滞销品等，这些都是企业对客户销售管理不当的结果。

要让客户赚到钱

销售是价值的转移，经营是价值的导向，让客户赚到钱是价值的最直接体现。现在很多OTC品牌企业只相信“终端为王”，对渠道不太重视。有些品牌企业的一级经销商，年销售额达几千万元，厂家给的返利却只有1%～2%，连正常的税负都达不到，更别说日常运营费用了。因此，商业公司只能被动销售品牌品种，同时通过许多项目向厂家要额外支持，诸如回款奖励、库存租金、流向费用、压货补贴等；否则，合作不会顺畅。

OTC商务策略应该向医院商务看齐，像医院渠道一样让各个环节都能得到稳定而合理的利润，才能充分发挥各方积极性。只有遵循渠道控制“五力模型”的逻辑关系，才能做到终端为王、渠道制胜、品牌无敌。

天下熙熙皆为利来，天下攘攘皆为利往。渠道策略的宗旨是要让客户赚到钱（报酬力），那么，厂商就要建立良好的业务关系和个人客情关系（参照力），然后加强分销、促销（合法权利），对不遵守市场价格秩序的客户给予强制制裁（强制力），同时，要为客户提供业务培训支持（专业知识）。这样，客户就能不断成长，赚到合理的利润，跟随厂家共进退。

不同客户不同策略

OTC渠道具有调拨、分销、地区配送、直供连锁等多样性，决定其策略要因地制宜、因客而异，不可一刀切，但对性质相同的企业，要找到核心的指导策略。

1. **大型物流商业公司**

九州通、国控等属于这类公司，他们的共同特点是“搭平台”，因为他们规模大、合作厂家多、部门多，不会专做某一个厂家。他们提供的是平台、网络、资金、配送，主要的分销靠厂家完成。

商务经理对平台公司的具体策略是“找对门，认对人”。

第一，找采购，这是入门，让公司的货尽量占据其仓库，保证足够的存量。

第二，找销售，只有找到出门，才能更容易入门。过去，商务经理太依赖采购员；现在竞争激烈，商业公司的考核也严格，必须把货销出去，降到合理库存，采购才能补货。

第三，找枪手，相当于敲门，公司的开票员、销售员、送货员等都是很好的合作对象，让他们成为你的兼职销售员。

第四，找老友，代看门。一般是找老板的秘书、财务人员等，他们会第一时间知道公司有价值的信息，诸如资金情况、收购拓展等，他们可以为商务经理提供信息，做到比别人快一步。

第五，找高管。如果平台公司下面的人知道你和领导关系好，就会给予方便。领导重视，才是真正的战略合作。

和平台公司合作，品牌OTC企业一般都能做到先收款后发货，先分销后收款，先收款后促销。只要满足其对利润的要求，做到这点并不难，这样主动权就抓在厂家手里。

当然，OTC企业也要发挥平台公司综合实力强的优势，找到双方合作的亮点，才能引起公司其他部门的重视和配合；还要提供第二梯队产品，使平台公司不止销售畅销产品，还用畅销品吸引顾客，帮助推销其代理的高毛利产品。

2. 区域终端配送公司

终端配送公司一般是向市、县、区的连锁药店、诊所等配送，这类地区的配送公司的特点是“建网络”，和他们合作要牢牢抓住其客户多、网络好的特点，加强终端铺货、促销、活动、会议等多方面合作，使产品到达终端，增加和消费者见面的机会。

具体策略有商业快讯、户外广告、会议推广、销售奖励、买赠折让……商务经理要懂得，对地配商业的有效压货是一种被动销售，提供合理利润是主动销售，提升客情是友情销售，开展活动是整合销售。

3. 产品代理、推广、招商公司

OTC企业除了主打品牌品种，还有很多普药和新特药品种。为了增加销售，发挥资源优势，找专门的产品推广代理公司做区域独家代理是行业普遍的做法，这类公司的特点是“求利润”，商务经理服务这类公司的策略是紧紧抓住“进、销、存”。

“进”就是购进，根据签约任务，按计划目标进度付款购进；“销”就是其商业销售、终端消化的情况；“存”即产品每月的库存数量。商务经理的工作重点是做好客情、沟通顺畅，为客户保证货源、提供市场信息，做好后勤保障。

大数据的核心是预测

做好OTC商务策略，还必须掌握大数据分析方法，OTC商务日常要对销售和财务的几个重要指标进行分析。

1. 财务数据分析（简称“四率”）

财务数据分析主要分析客户任务完成率、产品销售周转率、销售同比增长率、客户销售产品的利润率。

2. 销售流向管理（简称“四流”）

销售流量管理就是管理流向（销往哪里）、流量（销了多少）、流速（销得多快）、流利（销售盈利多少）。

正如《大数据时代》告诉我们的，大数据的核心是预测，人们对数据信息等的加工和分析，并不是为了证明其因果关系，而是从因果关系的串联思维变成相关关系的并联思维。商务经理应当通过对客户销售数据的分析，开阔视野，找到服务客户的更好方法；未雨绸缪，挖掘更多市场机会；并联思维，实现更高的销售目标。

（作者：柯华松，原载于《医药经济报》，2014年3月21日，
原题为“OTC商务策略　营销重在建立品牌”）

OTC代表管理策略

表格多、管理严、终端陈列完美、广告四处乱飞，但是产品卖不动，工作效果就是零。OTC市场竞争如火如荼，OTC代表如潮涌来，热闹非凡之下，管理黑洞乍现——OTC代表每人负责60～80家店，工作流于形式。众所周知之痼疾，如之奈何？

表格填了一箩筐，却无济于销售，谁之过？OTC代表出工不出力，人浮于事，在大环境的压力下，已经成为解决药品销售工作的当务之急。

华山论剑：谁主OTC市场沉浮

随着抗生素限售令实施、三番五次降价打压、新农村合作医疗推进、商业反贿赂风劲吹，OTC市场与医院市场正形成强烈的反差。药企前仆后继地介入，你方唱罢我登台的宣传，你来驻店我兑佣金的推广，使OTC市场骤然升温，此块市场的耕耘之战正在如火如荼地进行。

OTC药企都明白，仅靠广告的轰炸，难以像几年前一样轻易取得不俗的业绩，地面部队的跟进配合已必不可少。于是，一些药企动辄建立一两千人的OTC队伍，各省会城市或重点市场的办事处如雨后春笋般纷纷冒出，但一旦业绩不如预期，药企即被巨额的人力成本、推广成本压得喘不过气，甚至难以为继。

那么，药企该如何管理、考核OTC代表呢？

初级版四剑法：建档、铺货、促销、维护

建档：典型做法是“扫街”。面对新区域市场，药企首先要求OTC代表“扫街”，将辖区所有终端药店摸个底，并按传统的方法，对终端药店进行分门别类，即营业面积大、地理位置好的药店归为A类；地理位置较好、销量较好者归为B类；其他的归为C类。

拜访时，根据药店类别分配线路图，按顺时针进行拜访。A类药店每周要拜访2～3次，B类药店每周要拜访1～2次，C类药店每2周要拜访1～2次。

铺货：要求OTC代表在辖区管理的60～80间药店开展铺货工作，可以增加考核OTC代表的覆盖率（药店数），也可以考核OTC代表的上柜率（品种数）。

促销：根据公司要求，或办事处的规定，或药店的邀请，开展买赠、试用、派发等促销活动。

维护：对终端药店进行包装，增加产品陈列，培训店员，进行日常回访或联谊等。

药企一般按传统方法管理OTC代表，多依赖于当地办事处OTC经理的能力，或者OTC代表的自觉性，因而很难数字化、数据化。在OTC市场工作开展的初期，由于OTC代表对企业对产品不了解，对OTC工作新鲜好奇，对工作前景颇为憧憬，这四种传统管理方法往往仍有效。然而半年或更长时间的实操兴奋期一过，诸多问题便会暴露无遗，加上很多OTC代表往往只是为那不高的薪酬而工作，OTC市场边际效益自然就会日渐降低。

OTC传统管理下药企最头痛的问题是：

（1）OTC代表出工不出力，在职不在岗。

（2）铺上架的产品卖不动、卖不好。

（3）促销费用不断增大，难以界定虚实。

（4）促销方式传统呆板，促销效果难以评估。

（5）OTC代表人数虚挂，变相占用、挪用OTC费用。

（6）优秀代表难被发现、难被提拔，不合格代表难以解聘（裙带利益或威胁所致）。

（7）一两年后，OTC代表纷纷要求提工资，凭什么提？怎么提？

（8）建立的终端数据库缺乏更新，参考作用不大。

（9）OTC队伍的培训及文化建设无从抓起。

（10）新品能否沿此通路走向成功？

凡此种种困扰，很多药企通常是采取加强表格化管理，通过填写“OTC终端药店档案”、“OTC代表周报表”、“OTC代表月总结表”、“药店品种覆盖调查表”等，加强对OTC代表的管理。但慢慢这些企业发现，越来越多的时间浪费在填写表格上，而表格提供的信息却难以核查；或者，越来越多的表格限制了业务的创新发展。于是，一些OTC药企想到了第二招——即OTC销量导向管理。

升级版剑术：OTC销量导向管理

对每个OTC代表管理的60～80间药店，每月统计其销量，根据销量的大小，给予药店不同的业务支持。再先进一点的做法是，确定每月所管理药店的同比增长率或环比增长率，但运作一段时间后，便会出现以下困惑：

（1）60～80间药店的销量很难统计准确，特别是进货渠道较多的店。

（2）区域、品种、药店的差异使总销量差异较大，如何兼顾代表利益？

（3）逐月递增的增长怎么实现？

（4）如何兼顾好药店、差药店销量齐头并进？

诚然，OTC代表的职责虽然是销量的提升，但促销活动、产品陈列、店员培训、价格维护、会议推广以及上级临时安排的工作，无疑占用了OTC代表太多的工作时间，简单粗放地将OTC代表职责通过一个数字窗口体现，显然不够科学。长此以往，OTC代表就会堆砌数字或被数字的海洋淹没，为完成销量结果而忽略销量产生的重要过程，忽略OTC的基本工作任务。

因此，建立科学、有效的OTC管理尤为迫切、重要。

二次升级之剑道：OTC任务量化过程管理

路径：将OTC传统管理与OTC销售量化管理相结合，再分解为OTC质化考核（占30分）和OTC销售任务量化考核（占70分），从而形成OTC销售任务量化管理。

表2　OTC代表质化考核表

地区：________ 被考核人：________ 考核月份：________

项目	工作任务完成情况、信息、建议	本项总分	OTC经理评分
铺货促销		10	
培训陈列		10	
维护管理		10	
（满分30分）	总分：		

OTC经理：________ 省级经理：________ ____年____月____日

表3　跑店OTC代表销售任务量化考核表

地区：________ OTC代表：________ ____年____月____日

序号	药店名称	上月销售额	本月销售任务	本月销售额	抽查记录
1					
2					
…					
合计					

质化考核主要包括OTC的日常工作、基本任务、建档、铺货、促销、维护、信息反馈、意见建议，详见表2。质化考核是OTC销售任务量化的基础管理，是实现、提升销量的过程。

销售任务量化考核（表3）的核心是销售任务完成率，主要操作流程是：

（1）每位OTC代表管理60～80间药店。

（2）每季度（成熟区域可以每2个月）考核10家药店的销量任务完成率，下季度更换另外10家药店，或者另外增加10家药店，如此轮换或叠加，最终完成所管理药店的销售任务量化考核。

（3）OTC经理根据OTC代表上期考核药店的销售量（额），确定本月考核药店的销售任务，并下达给每个代表。下月初，根据药店提交的销售凭证或由OTC经理抽查考核的药店的销售任务完成率，给OTC代表打分并据此计算工资。

（4）OTC经理主要依据药店实际销量（额）结合销售计划增长率、销售同比增长率、销售费用率等指标确定药店的月销售任务。

上月销售额：跑店代表提供。

本月销售任务：OTC经理根据药店上月销售额确定增长率（额），下达销售任务额。

本月销售额：跑店OTC代表根据药店本月实际销售额填报。

抽查记录：OTC主管根据OTC代表上报完成的销售额予以抽查核实，签名确认。

销售任务量化考核的好处在于：

（1）充分调动OTC代表的积极性，使其主动参与销售工作。

OTC代表不能仅仅满足于流于形式且难以量化的终端维护工作，而是要真正地实现销售，没有销售，一切工作都丧失意义。通过销售量化考核，OTC代表的目标更明确，工作更有针对性，方法更有灵活性，其会积极主动地增加品种、增加促销以达到完成销售任务的目的。

（2）更关注销售链条，配合商务代表、药店做好售前、售中、售后服务。

OTC代表往往不关注渠道，认为那是商务代表的工作，而商务代表更关注收款、发货而不屑于某家药店的销量。销售任务量化考核使OTC代表主动联系商务代表，主动梳理渠道，尽力尽快解决终端断欠货问题，以增加销售机会。

（3）减少大量的统计数据工作，节约时间、成本。

终端药店向供应商提供销售流向等信息资源大多是要收费的，对厂家而言，不单是一笔不小的费用，而且其真实性不完全可靠，统计分析起来又要花费大量人力资源。销售任务量化考核通过授权省级经理，通过OTC经理、驻地OTC主管的抽查、核查与监督，使虚假无处遁形。

（4）有数有据，因人因区域而异，有利于绩效考核，有利于选拔人才。

面对要求加薪提职的OTC代表，药企应如何确定其能力？从其管理的药店档案中，查看其负责药店的历年的销售任务量化考核表便一目了然。谁的工作能力强，谁对企业的贡献大，谁负责的药店销量增长高，那么，谁就最有资格获得加薪提职。反之，就应该因不称职而降薪，甚至离开。有理有据，当然令人心服口服。

（5）适应主销区与非主销区的实际情况，考核更加人性化、科学化。

总之，销售任务量化考核的价值，就是把跑店OTC代表转变为流动的销售员。

也许你会问，暂不列入考核范围的药店，OTC代表岂不是不再跟踪服务了？

其实OTC代表跟踪服务60～80间药店，相当一部分是流于形式，倒不如扎扎实实做好一家店，然后再去做另一家店。而且，考核时他并不知道上级领导会选择哪一家，所以，他不敢掉以轻心，跟上级"赌"一把。当然，药店主动提出的服务需求（如断货供货，节日、周年促销等）必须满足，因为有30分是质化考核。

另外，必须教育OTC代表如何实现药店销售任务，其路径无非有以下两种：

一是增加品种，这也是基础管理中的铺货。在终端资源不丰富的竞争环境下，应尽量增加本企业产品与消费者的见面机会。

二是促销，包括陈列、培训、客情、佣金等广义的促销。OTC代表为了完成销售任务，便会变被动为主动，向上级申请支持，运用买赠、试用、折让、特价、DM等促销手段；也会主动和药店搞好关系，增加陈列面，让店员多推荐本企业产品。之前常存在的断货、缺货现象，OTC代表会比商务代表更紧张，会主动催促商务代表配合药店做好渠道经销商的工作。总之，将大大激活OTC代表的主观能动性，创造性地开展工作。

很多药企为了掌握前线的销售数据，杜绝弄虚作假等现象，往往将OTC管理的权力都收归总部。殊不知，这往往适得其反，省级OTC经理无权无责难以开展工作，也就会轻而易举地推卸责任，更易使驻外代表处于放养状态。

因此，OTC销售任务量化考核的执行主体是省级办事处，由省级办事处建立、管理药店的档案、销售记录，并根据下达的销售任务，由省级OTC经理检查监控任务完成情况，并据此计发薪酬。避免总部直接监控造成战线过长、层级过多而导致数据失真、考核时间过长，影响绩效。

如何摆脱增长越来越困难、费用越来越高的恶性循环，不断创新OTC管理模式，是OTC药企需要不断思考的问题。OTC管理从按终端面积、地理位置划分进行维护，过渡到按品种上架数、销售量化进行考核，再发展到按销售任务量与基础工作质量进行考核，使OTC管理大大向前迈进了一步。

相关链接

☆OTC（Over the Counter）非处方药物，是消费者可不经过医生处方，直接从药房或药店购买的药品，而且是不在医疗专业人员指导下就能安全使用的药品，即不需要凭借执业医师或助理医师的处方即可自行选购、使用的药品。

☆OTC又分甲类OTC和乙类OTC。甲类（红色）的可在医院、药店销售；乙类（绿色）的可以在医院、药店、超市、宾馆等地方销售。

☆RX是指必须凭借执业医师或医生开取的处方方可购买的药品。

☆我国政府在1996年正式提出药品分类管理，同年由卫生部牵头，七部委共同成立了非处方药（OTC）办公室。1998年国家药品监督管理局成立后，OTC管理工作由药品监督管理局安全监管司负责。1999年7月22日，我国正式出台《处方药与非处方药分类管理办法（试行）》，公布了第一批国家非处方药目录（西药部分和中成药部分），该《管理办法》于2000年1月1日起施行。

☆《2013—2017年中国OTC行业深度调研与投资战略规划分析报告》的统计数据显示：2000年中国OTC市场还只有约253亿元的规模，但到了2011年，中国OTC市场规模达到1 750亿元，10年间增长近6倍，并且超过日本，成为仅次于美国的全球第二大OTC市场。

☆我国OTC行业的整体竞争格局非常分散，没有任何一家企业的单独份额超过10%。OTC行业中前四十家典型企业的销售收入只占中药和化学制药行业销售总额的20.22%，市场集中度偏低。

☆非处方药主要包括感冒药、止咳药、镇痛药、助消化药、抗胃酸药、维生素类、驱虫药、滋补药、通便药、外用药、避孕药、护肤药等。

☆世界OTC的主要类别有6种：解热镇痛药、镇咳抗感冒药、消化系统药、皮肤病用药、滋补药、维生素、微量元素及添加剂。

（作者：柯华松，原载于《销售与市场》，2006年第19期，
原题为“让OTC代表不敢出工不出力”）

“PDCA”策略在区域营销的应用

省级经理在开发区域市场时，常碰到普遍性与特殊性、规范执行与灵活应变、目标结果与过程考核等矛盾的困扰。大品牌大企业制订的营销方案翔实具体，要求各级经理必须严格执行。而我国市场南北东西差异极大，消费水平、用药习惯、品牌喜恶大不相同，如何将公司的营销方案与区域市场的特殊性有机结合？另外，很多中小企业也许根本就没有全年的营销方案，省级经理灵活有余受指导不足，区域市场的开发全凭省级经理的个人力量，那么如何让成功的经验或失败的教训来作为其他市场的借鉴？

笔者认为，戴明的"PDCA循环"能很好地帮助我们解决上述问题。

PDCA循环释义

PDCA循环又叫"戴明环"，由美国质量管理专家戴明博士首先提出，主要应用于产品质量管理活动的全过程，即质量计划的制订和组织实施的过程。近年来，一些先进的药企通过实践，将PDCA引入营销管理领域，取得了意想不到的效果。PDCA循环的主要含义是：

P（Plan）——计划：计划不仅包括目标，也包括实现这个目标所需要采取的措施。计划的确定又分为4个步骤：现状调查、原因分析、确定主因、制订计划。

D（Do）——实施：为实现计划目标，付诸实施行动。

C（Check）——检查：检查总结执行计划的过程结果，看是否实现了预期的效果。同时通过检查发现问题。

A（Action）——处理：对检查总结出的问题进行处理，对成功的经验加以肯定并适当推广，形成标准化制度；对失败的教训加以总结克服，未解决的问题放到下一个PDCA循环里。

一个PDCA循环一般要经历4个阶段，8个步骤（见图2）。

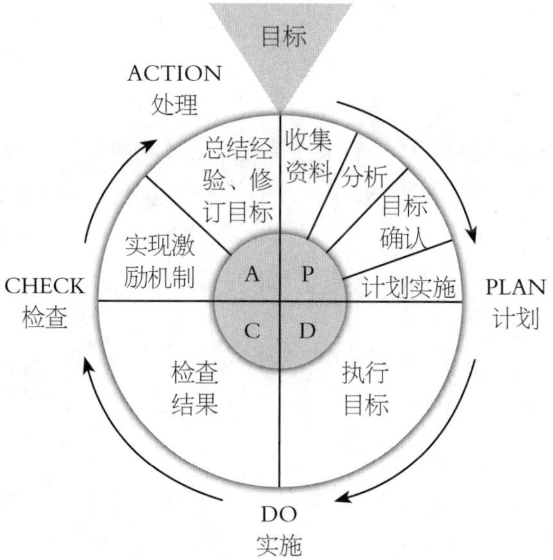

图2　PDCA循环示意图

重点在第一环：计划

作为区域市场开发的领头人——省级经理，要在区域营销中运用PDCA循环，重要的前提是做好计划。有目标方可实施，有量化标准才可被衡量。医药企业开发区域市场主要从以下5个方面制订计划：

1. 区域

在公司营销方案的指导下，必须确定哪几个地方是重点区域，选择哪几个市、县作为重点突破口，规划一两年内的重点区域、新兴区域及增长区域在哪里，制定区域销售回款额（分销额）及增长额等。

区域就是根据地，是精耕细作的平台。

2. 队伍

根据区域销售任务，建设营销队伍，如该配置多少商务人员、终端人员，如何配置，每人要完成多少销售任务，规定每月拜访客户次数及每年新客户开户数，每年对队伍的指导及培训要有多少场次，如何制定队伍工资薪酬、费用率等KPI指标。

队伍是开发区域市场中最积极、最活跃的因素，科学的队伍结构计划会起到事半功倍的作用。

3. 品种

将区域销售任务分解为具体的品种数量，确定上量品种及谋利品种；针对竞争对手，用哪些品种摧毁竞争对手的主打品种，如何培育明天的现金牛品种，怎样建立品种的竞争壁垒。

品种是实现区域市场目标的枪弹粮草，是攻克、占有、巩固区域市场的重要武器。

4. 渠道

区域销售任务该由谁承担，销售任务是多少；地区若没一级经销商，该设立几家二级分销商，几家三级促销商；目标终端药店覆盖率需达到多少，各层级经销商的价格如何确定并保证价值链各链主的合理利益。

渠道是实现区域市场目标的最重要盟友，是营销战争中的重要力量。

5. 推广

针对市场推广，公司投入多少广告费，如何投；是投入做企业形象广告还是主打产品广告；针对销售推广，年计划召开多少场订货会，多少场促销会，能配备多少促销品；如何整合资源有效促销。

推广是实现区域销售任务的“惊险一跳”，将促使私人劳动变成社会劳动。

在制订以上5个方面的计划时，必须按照PDCA的4个步骤，组织团队成员、客户甚至专家认真分析现状，发现问题要多方讨论，科学决策。另外，计划一定要清晰明确，能用数字表述的尽量用数字表述，便于衡量及对照。

PDCA用途多多

资源是为了实现目标所需的、能拥有或能利用的资源或来源。计划既是目标，也包括实现目标的措施、资源。因此，省级经理的任务便是采取措施，整合资源，执行落实；每月总结检查，逐一对照。计划实现，总结经验；没达预期，则寻找原因，应该采取什么措施。通过对总结检查的结果进行处理，发扬优点，改正缺点，将未能解决的问题放到下月的PDCA进行处理。

简而言之， PDCA在区域营销的应用就是：省级经理在区域建立根据地，带领队伍将品种输送到各渠道网络，通过推广实现销售，达成目标。

营销总是看重结果的。但由于今天的市场竞争环境，营销过程管理越发重要。以结果为导向的药企，考核省级经理仅以收款或发货为依据，会导致区域的虚假繁荣，纵容短期行为，而且最后买单的依然是企业；运用PDCA管理法，可以避免唯结果论的违规操作现象，注重区域、队伍、品种、渠道、推广等营销要素的量化、下沉及衡量。以过程考核为重的药企，在监控各级经理时细化到每人、每天、每事，往往会流于形式，使营销人员穷于应付或粉饰太平，增加检查的难度；PDCA管理法则可以避免营销人员为大量过程考核的表格所累和投入市场一线的时间少、不利于达成目标的弊端。而且对营销决策人员简明扼要地掌握一线市场动态、发现问题、快速反应、正确决策也大有裨益。

营销成败往往是看谁能领先半步。目前，中国大部分药企的营销管理仍是唯结果论的粗放式管理，正确发挥PDCA的功效，或许将让企业成为“两个人一头狮子”这一经典营销故事中的主角。

（作者：柯华松，原载于《医药经济报》，2007年6月29日，
原题为“区域营销巧用‘PDCA’”）

营销和管理哪个更重要

主持人：肖志飞　《21世纪药店》报记者
嘉　宾：柯华松　广东良方药业有限公司总裁
陈　安　四川东升大药房连锁有限责任公司董事长
张东风　黑龙江报人医药营销策划有限公司总经理

同等地位的两条平行线

品牌营销、整合营销、门店营销、事件营销……这几年零售药店都在讲营销，销售似乎上去了，总经理却好像更忙了，员工流动性更大了，人才危机也更严峻了。如何处理好零售药店营销和管理的关系？当下连锁企业在内部管理上存

在哪些困惑和误区？本期“门店大讲堂”与您共同关注。

主持人：在药店经营中，你认为药店营销和药店管理的关系是怎样的？

柯华松：管理是为营销服务的。我觉得可以用“树木与森林”来比喻药店营销与管理的关系，营销是树木，管理是森林。在目前的市场环境下，很多药店更注重的是如何提升药店的营销能力，将产品，特别是首推产品卖得更好，这样容易一叶障目不见森林。其实，药店营销离不开管理。营销是一个系统工程，需要团队、品牌、文化以及采购、后勤、配送等诸多方面的配合。药店营销是企业的战略定位，解决的是企业生存发展的问题，例如是走平价路线还是做社区便利店？是走高端的店中店模式还是“药店+诊所”的模式？什么样的定位，就要有什么样的管理支持。

陈　安：药店是一个销售场所，因此，如何卖好药、怎样才能最大限度地提升销售业绩肯定是每个药店人考虑得最多的问题。但在实际工作中，营销和管理是左手和右手的关系，是处于同等地位的两条平行线。从东升大药房的经营情况来看，管理做好了，营销也就上去了。而在一些大的门店，只要管理上出现混乱，营销业绩一定会滑坡。

张东风：药店管理的重点是团队和流程，要解决的是“战斗力”和职能分工、相互配合的问题。药店营销的重点是顾客和品牌，要解决的是“吸引力”和门店形象、销售规模的问题。只有管理到位、流程清晰，营销才能策略化，品牌和规模才有可能同步放大。

管理决定营销的成败

主持人：在处理营销和管理的关系上，目前连锁药店圈内普遍存在哪些问题（认识上的误区）？造成了什么样的后果？如果不能妥善地处理好这二者的关系，从长远角度看对药店经营会有怎样的影响？

陈　安：连锁药店最容易出现的问题是管理与营销不匹配。每年总部向各个岗位下达了任务和业绩指标后，紧接着就会出现各部门、各门店争资源、争政策的现象，这时很多员工及部门负责人考虑的不是企业的整体目标，而是自己的任务和指标，在相互配合上往往产生矛盾。这时候，高管层的战略管理水平和统筹协调能力就显得尤为重要。统筹协调做得不好，将使企业陷入混乱和内耗之中。

张东风：重营销轻管理是当前连锁行业普遍存在的一个问题。因为营销的目标是销售业绩和利润指标，是硬任务，不完成会直接影响个人收入和企业发展目标；而管理在很大程度上是软性的，忽视一点、落后一点不会马上产生不良后果。其实这是一个最大的误区，没有完善、到位的管理作支撑，营销工作便成了无源之水、无本之木。营销做得再好，如果管理跟不上，营销一定走不远。当年三九医药实施“万家门店”战略时曾集聚了不少顶尖级的门店营销人才，门店营销也做得很有特点，就是管理没有跟上去才导致惨败。

人力资源是管理中的关键

主持人：你觉得当前药店管理中最突出的矛盾或者难题有哪些？请谈谈你解决这些矛盾的基本思路。

柯华松：目前药店管理中比较突出的问题是员工培养与激励问题，也就是执行力和凝聚力的问题。药店一线员工的工资普遍不高，且大多是80后、90后，思想活跃、行动活泼、忠诚度不高。而药店又是劳动密集型行业，在医院、社区卫生中心以及同行的多重竞争打压下，利润被不断摊薄，要大幅提高员工工资不现实。只有靠绩效考核来激励员工多创造价值，提高收入水平；靠企业快速发展为员工提供更多更好的升迁机会，实现自我价值；靠良好的企业文化凝聚力，分享发展成果。这样，才能有效提升药店的综合管理水平。

陈　安：个人认为，目前药店管理中最突出的矛盾是团队建设与人才短缺的问题。零售药店的数量在逐年增加，对人才的需求越来越强烈。比如最近出台的“国家药品安全十二五规划”，要求到“十二五”末要实现“一店一执业药师”的目标，而执业药师紧缺正是当前最紧迫的问题。我们的解决思路是“走出去、引进来”：把合适的店员送出去学习、培训，同时与相关专业的院校、培训机构达成战略合作关系，分期、分批引进人才。

张东风：在我们的咨询实践中，发现不同的药店有着不同的矛盾和难题。当然，针对具体矛盾、难题，应该有具体的、针对性的解决方案。我这里谈谈基本原则和个人的思路：一是规范化与人性化结合。没有规矩不成方圆，过于规矩则禁锢活力。二是预防与惩戒并举。既要有奖惩措施，又要有预判和预案。三是根据营销需求，瞄准企业目标制订管理方案和制度。

（原载于《21世纪药店》报，2012年3月5日，
原题为“营销和管理到底哪个更重要”）

销售增长从哪里来

对于年度销售目标，也许不少领导只是描绘一下“虚无缥缈”的蓝图、计划完成多大的销售收入、实现多高的销售增长，至于如何达成、配备多少资源等却无从说起。这确实是终端营销人员颇感头痛的一个现实问题，因为销售目标、销售增长是每一个营销人员都不能回避的事实。但从本质上来讲，增长，应该是把

事情做好后的顺带结果，其本身不值得作为目标。因此，正确地做事，把事情做好，就是做正确的事，就是实现增长的前提及基础。

尽量不做短期增长的事

年年有指标，年年要增长。因此，销售是马拉松长跑，而不是百米短跑。销售需要持之以恒地做持续有效的工作才有意义，只做短期增长的事不利于企业的发展。当然，如果你所在的企业没有自己的销售模式，没有建立自己的营销体系，没有抱团作战的能力，而是依靠业务员孤军作战，那么，多做短期增长的事也是不可避免的。

短期增长的事主要有：向一级客户压货；将市场开发费用转移支付给一级客户；默许甚至支持客户低价销售，跨区销售；对一级客户开户无标准、少控制，有奶便是娘；随意更换取代一级客户；过度的商业促销；经理权力过度，游戏规则缺失……

在当下的市场环境中，商业公司难以承担厂家的品牌宣传、品种推广、顾客教育、市场培育等工作，特别是对市场广阔的品种而言，商业公司主要承担的是回款与配送这两大功能。因此，将市场开发、推广的任务强加给商业公司毫无意义，只会纵容它违规操作。

帮助客户把产品卖出去，帮助客户赚钱，是厂家必须做的事。因此，必须做对销量持续增长有用的事，才能打开未来销量的增长空间，才能开创销量增长的“蓝海”。

那么，销量持续增长从哪里来呢?

使用平衡计分卡

平衡计分卡（Balanced Score Card）简称BSC，是美国罗伯特·卡普兰教授提出的一种管理模式。它主要通过财务指标、顾客满意、内部运营、学习与成长等四个各具特色的因素组成评估业绩的体系标准，改变了过去单纯依靠财务指标来衡量业绩的做法。因为财务指标具有滞后性、内部性、欺骗性，而平衡计分卡却能兼顾到长期和短期目标、财务和非财务衡量方法、滞后和先行指标以及外部和内部的业绩等，使企业能全面协调可持续地发展。

短期看工作，长期看销量，销量的增长是把工作做好后的自然结果。平衡计分卡告诉我们，要实现销售增长，完成销售任务指标，首先必须使顾客满意，即能为客户创造价值，帮助客户将产品分销出去，保持价格稳定，不断开发新的销售区域，不断吸引新客户。而要使顾客满意，必须有相匹配的内部运营机制，即不断加大研发力度，提供更多、更好的产品，提高产能，保证交货期，改善服务水平等；还要有相匹配的内部运营，即必须要有相当素质的员工，这就要加强培训教育，让员工不断学习与成长，增加员工满意度，构建科学的管理制度并制订员工职业生涯发展规划。事实上，这四个方面是逐级递进的关系。因此，也可以这样描述：企业拥有合适的、能胜任工作的员工，让员工恰当地做正确的事，则会获得顾客认可并使顾客满意，那么企业就会达成销售目标。

做使销量持续增长的事

销量首先是想出来的，然后才是做出来的。要完成销量，实现销售增长，必须关注除财务指标外的顾客满意、内部运营、员工学习与成长等方面，才是正确有效的，才是可持续增长的。

目标销售收入＝终端平均销售额×终端数量。因此，想要实现目标销售收入，必须将目标销售收入层层分解。一般的做法是分解到区域，分品种考核到人员。其实更重要的是要分解到终端，分解到顾客。只有分解到不能再细分了，方为有效的分解，方能让每一个人都明确具体的工作任务。这样，也就找到了提升销量的策略。具体不妨关注以下三个方面。

（1）深度营销，不断开发、维护、巩固终端数量。无论是社区卫生机构、连锁药店、KA店，始终让终端的“水龙头”处于打开状态，才能使供应链畅通并有价值。

大多数产品的售价是由生产商统一制定的。但区域销售的增长，更依赖于使用产品的顾客人数。可通过折扣、增值服务巩固老顾客，通过促销宣传发展新顾客，通过品类竞争，增加顾客单次购买量。

（2）在销量增长的同时，要赋予产品更多的价值，诸如医保目录、优质优价、定点生产、专利保护等，这不仅是销售部门的工作，更需要整个企业的参与配合。企业跨部门沟通的顺畅、快速的处理能力、迅速的物流配送等，无疑是使销量增长的重要支持平台。

（3）销售不是一个人的工作，而是抱团作战。培训费用越来越成为企业不可或缺的预算费用。顾客需要教育，客户需要培育，代表需要培训，经理需要指导，团队需要激励。只有不断学习与成长才能达成目标。

资源是有限的，竞争是无限的。销售增长在残酷的竞争中能否做到我增你消，依赖于企业的综合实力及系统作战能力。只有从顾客满意、内部营运、员工学习与成长等方面提取指标并系统地推进，才可能实现企业协调、全面、可持续的发展。

相关链接

平衡计分卡（Balanced Score Card），简称BSC，源自哈佛大学教授卡普兰和诺顿所研究的“未来组织绩效衡量方法”的一种绩效评价体系，目的在于找出超越传统的以财务量度为主的绩效评价模式，以使组织的策略能够转变为行动；平衡计分卡主要通过图、卡、表来实现战略的规划。

平衡计分卡不仅是一项绩效考核工具同时也可以用作企业的日常战略管理工具，从战略描述、战略衡量以及战略管理三个方面检视平衡计分卡，帮助企业主结合企业实际情况将平衡计分卡应用在组织的各个层级。

平衡计分卡是从财务指标、顾客满意、内部运营、学习与成长四个角度，将组织的战略落实为可操作的衡量指标和目标值的一种新型绩效管理体系。设计平衡计分卡的目的是建立“实现战略指导”的绩效管理系统，从而保证企业战略得到有效的执行。因此，人们通常称平衡计分卡是加强企业战略执行力的最有效的战略管理工具。

平衡计分卡能有效解决制定战略与实施战略脱节的问题，堵住了“执行漏斗”。平衡计分卡系统包括战略地图、平衡计分卡以及个人计分卡、指标卡、行动方案、绩效考核量表。在直观的图表及职能卡片的展示下，概括而抽象的部门职责、工作任务与承接关系等，显得层次分明、量化清晰、简单明了。

平衡计分卡的设计包括四个方面：财务角度、顾客角度、内部经营流程、学习和成长。这几个角度分别代表企业三个主要的利益相关者：股东、顾客、员工。每个角度的重要性取决于角度本身和指标的选择是否与公司战略一致。其中的每一个方面，都有其核心内容。

1. 财务层面

财务业绩指标可以显示企业的战略及其实施和执行是否对改善企业盈利状况做出贡献。财务目标通常与获利能力有关，其衡量指标有营业收入、资本报酬率、经济增加值等，也可能是销售额的迅速提高或创造的现金流量。

2. 顾客层面

在平衡计分卡的顾客层面，管理者确立了其业务单位将竞争的顾客和市场，以及业务单位在这些目标顾客和市场中的衡量指标。顾客层面指标通常包括顾客满意度、顾客保持率、顾客获得率、顾客盈利率，以及在目标市场中所占的份额。顾客层面使业务单位的管理者能够阐明顾客和市场战略，从而创造出出色的财务回报。

3. 内部经营流程层面

在这一层面，管理者要确认组织擅长的关键的内部流程，这些流程帮助业务单位提供价值主张，以吸引和留住目标细分市场的客户，并满足股东对卓越财务回报的期望。

4. 学习与成长层面

它确立了企业要创造长期的成长和改善就必须建立的基础框架，确立了未来成功的关键因素。平衡计分卡的前三个层面一般会揭示企业的实际能力与实现突破性业绩所必需的能力之间的差距。为了弥补这个差距，企业必须投资于员工技术的再造、组织程序和日常工作的理顺，这些都是平衡计分卡学习与成长层面追求的目标，如员工满意度、员工保持率、员工培训和技能等，以及这些指标的驱动因素。

表4　平衡计分卡的四大要素

四大要素	目标	指标值KPI	行动方案、衡量及评估（PDCA）
财务目标 Financial Goal	销售回款 品种达成 销售增长 应收账款	销售回款 销售费用 销售发货	制订计划 分解目标 付诸行动
顾客满意 Customer's Satisfaction	销售利润 价格稳定 分销能力 顾客关系（CRM）	维护价格 利益保障 促销支持 顾客忠诚度 顾客流失率	推广会议 促销套餐 商业快讯 铺货奖励 开票奖励 旅游奖励 自己拉单
内部运营 Internal Business Process	交货期 窜货管理 服务效率 产品R&D	申请报告 营销方案 销售台账	规范、高效
学习与成长 Learning and Growth	员工素质 技能提升 员工满意度	会议、QQ、微博	实践、学习

（作者：柯华松，原载于《医药经济报》，2008年1月16日）

让深度分销走出“囚徒困境”

全国大多数普药企业都会积极推进深度分销。无论是在“得渠道者得天下”的渠道拦截时代，还是在“终端为王”的终端拦截时代，深度分销都是普药企业最具杀伤力的武器。特别是随着“新农合”、“两网”建设的日臻完善，第三终端将更加诱人；在新医改方案的指引下，社区医疗会蓬勃发展；供应链上各链主利益的分配约定，迫使工厂企业必须承担更多的终端推广服务，深度分销仍将生生不息。

深度分销出现“囚徒困境”

博弈论中有一个著名的“囚徒困境”的故事。有两个嫌疑犯被警察抓了，他们被分开审问。由于每个人内心深处都想通过出卖别人而换取对自己更好的判决，因而都同时认罪，结果两人都被重判。“囚徒困境”的故事告诉我们，大多数经济博弈有可能出现共同利益，也有可能出现利益冲突，而不仅是一个零和博弈。

分销经理都知道，深度分销能有效铺货、掌控网络、提升销售。可是，真正推动深度分销却是非常困难的。

深度分销是指由厂家组建分销队伍，对经销商覆盖不到或不愿意覆盖的区域或终端进行分销覆盖，以取得更高铺市率的营销模式。深度分销虽然会增加营销成本，但能够建立良好的团队、到位的执行力、严格的市场规则，这样才可能取得成功。这些都是繁重而不是一时三刻能达成的工作，因而像“囚徒困境”那样，每个人内心深处那种企图通过出卖别人而换取更好结果的想法就会变得非常强烈，博弈因此而生。

由于做深度分销很苦，于是便阳奉阴违，区域与总部的博弈、个人与团队的博弈、个人与他人的博弈便由此而生。在一般普药企业，深度分销会出现以下几种不和谐的现象：一是有分销，无计划。合作的二级分销商、三级促销商属自然销售，处于无计划无管理的状态，分销商甚至找不到厂家的业务员，更别想厂家提供增值服务了。二是有分销，无助销。根据总部的计划，省级经理将二、三级分销商名额分配给一级经销商，每月打打流向报告交总部应付了事，不进行再分销，不协助销售，也没有配套的资源给予分销商。三是真流向，假分销。一般的企业其二级分销商有几百个，若加上三级促销商，少则也有上千个，每家每户交回的流向报告堆积如山，若没有先进的计算机平台、严密的审核流程，业务员就会钻空子，利用公司给分销商的资源，转移支付，挪作他用，甚至和一级经销商联手，违规操作，扰乱市场秩序。四是无分销，无计划。总以区域的特殊性为由，向总部申请多发展一级经销商，不愿做分销，理由是不想“在一棵树上吊死”；或为了应付总部或一级经销商，只签订寥寥几家分销商，分销比例很小，根本达不到深度分销的覆盖要求。

赢在计划

实际上，深度分销是厂家的分销队伍根据区域市场的布局、分销商的选择，通过有效的市场策略和方法将存放在经销商仓库里的自家品种卖出去的营销模式，而不仅是对经销商覆盖不到或不愿意覆盖的区域或终端进行分销覆盖。深度分销的核心是帮助客户把产品卖出去，帮助客户赚钱。深度分销的价值体现在与客户共同成长上，无论是规模、效益，还是网络、品牌，都得到共同发展、共同进步。

计划是在工作或行动之前预先拟订的具体内容和方案。根据PDCA管理循环理论，计划必须包括清晰的目标、明确的方法、匹配的资源、可能的问题（即预案），通俗地讲，即订计划、找原因、想方法、配资源。因此，要做好深度分销，必须从计划开始，包括计划户数、计划金额、计划区域、计划执行、系统要素等，其中按计划分销、分销按计划是深度分销的重点，也是难点。

1. 按计划金额分销

帮助一级经销商分销多少金额必须要有计划、有目标、有分解。假若一级经销商某年协议回款任务为1 200万元，年初拟订分销的比例若为70%，即需分销840万元，每月应分销70万元。那么，要完成840万元的年分销计划，需要选定哪个重点区域？需要选择几个分销客户？只有和客户明确这些计划，才可以增强客户的信心，并得到他们的配合，与厂家分销经理共同签订二级分销客户，并一开始就为深度分销打下良好的合作基础。

一级经销商愿意签多少协议任务、能够完成多少回款任务，关键要看厂家能计划分销多少、能完成多少分销金额。聪明的业务经理会为一级经销商的老总奉上一份计划分销结构图，让老总高兴，让业务员卖力。

2. 按计划客户分销

所有的分销都需要在客户的平台实现，特别是二级分销客户，其本身对厂家缺乏了解，缺乏忠诚度，趋利性明显，卖一件货就要看到赚一件货的钱。如果厂家不能按计划分销，不能提供足够的资源支持，二级分销商就会转到市场上随意调货，按计划分销就会流产。

按计划客户分销就是签约分销客户将得到更多的资源支持，用更多的资源支持客户按计划金额分销；反之，不签约的分销客户很难得到厂家的支持。签约的分销客户必须从指定的一级商进货，从市场随意进货也得不到厂家的资源支持。

二级分销商的规模一般不大，同城竞争特别激烈，受到厂家的重视，得益于厂家归拢的网络往往是二级分销商的最大需求。三级促销商是终端客户，更希望得到厂家促销资源的倾斜。因此，锁定计划客户，积极拓展网络，提供销售支持是按计划客户分销成功的保障。

3. 计划的执行力

转变观念，适应变化。制订计划不是深度分销最困难的，难的是按计划执行，不给自己推搪的理由。计划必须有具体的方法和步骤，计划必须配备必要的资源。年底奖励、促销奖励、各式各样的推广会、分销会、拓展会、社区活动、品牌联合推广、公益赞助活动、学术推广、店员教育等是目前大多数药企可以提供给分销商的资源，这些资源若聚焦到按计划金额、计划客户分销，效果还是很好的。

在执行按计划深度分销的过程中，碰到的最常见的难题是分销商从指定供应商处进货的价格要比从市场调货的价格高。这个问题在目前的商业环境下，是每一个厂家都会遇到的，也只有靠坚决且强硬地执行按计划分销才能得到改善。

在实际执行按计划分销时，要谨记“堵无墙、疏有序”。墙有形却无限，故难以堵绝，只有有序地疏通才管用。厂家提供了会议奖励、返利、促销赠品等各种支持，分销商必须按计划金额完成分销任务，分销经理必须按计划客户完成分销任务。至于完成计划分销金额后，分销商再在市场上采购或易货，就不影响深度分销体系的运作及对客户的承诺和对公司任务的掌控了。正如被称为“悬河”的黄河，水平面高于地平面，但依然流淌千年，关键在于形成了自我运行的轨迹。

系统要素

深度分销要做到按计划分销、分销按计划，还有赖于建立系统性的营销支持平台，这样才能实现深度分销全面协调可持续发展。一是要有先进的IT中心。大量的分销数据需要通过先进的IT中心进行汇总、整理、分析、归类，为客户提供服务，为营销决策提供依据。二是要有优良的团队。销售是抱团作战，而不是业务员一个人在战斗，特别是团队的首脑，必须深刻领会公司的营销战略思想，树立按计划分销的渠道管理理念，带出一个和谐能战的团队。三是要有坚强的执行力。巧妇难为无米之炊，有良好的团队，必须配备必要的营销资源，只有充分利用公司的资源，才能不折不扣地执行深度分销。四是要有良好的市场秩序。市场秩序要做到“不管风吹浪打，胜似闲庭信步”比较难，但市场价格与公司销售价格的剪差起码要在合理或可控的范围，这是必需的，而不应“各人不扫门前雪”。

市场变化万千，营销一日千里，深度分销如滚滚潮流不可阻挡，正在“红海”中鏖战的普药企业只有全面树立科学的深度分销理念，才能开创一片“蓝海”。

深度分销，从计划开始。

相关链接

“囚徒困境”的故事讲的是，两个嫌疑犯作案后被警察抓住，分别关在不同的屋子里接受审讯。警察知道两人有罪，但缺乏足够的证据。警察告诉每个人：如果两人都抵赖，各判刑一年；如果两人都坦白，各判八年；如果两人中一个坦白而另一个抵赖，坦白的放出去，抵赖的判十年。于是，每个囚徒都面临两种选择：坦白或抵赖。然而，不管同伙选择什么，每个囚徒的最优选择是坦白。结果，两个嫌疑犯都选择坦白，各判刑八年。如果两人都抵赖，各判一年，显然这个结果最好。囚徒困境所反映的深刻问题是，人类的个人理性有时会导致集体的非理性——聪明的人类会因自己的聪明而作茧自缚。

囚徒困境说明了为什么在合作对双方都有利时，保持合作也是困难的。

囚徒困境是博弈论的非零和博弈中具有代表性的例子，反映个人最佳选择并非团体最佳选择。虽然困境本身只属模型性质，但在现实中的价格竞争、环境保护等方面，也会频繁出现类似情况。

（作者：柯华松，原载于《医药经济报》，2008年11月24日）

OTC渠道应保证利益均沾

业内有这样的说法，做器械比做处方药好，做处方药比做OTC好，做OTC比做保健品好。这个“好”应该有两层意思，一是好做，好运作，容易出销量；二是收入好，待遇好，关系稳定。新医改后，特别是基药大扩容后，医疗终端门诊量飙升带动用药量飙升，社区服务的便利性和药品“零差价”抢走了不少药店客源，与医院市场的热火朝天相比，OTC市场有点愁云惨淡。笔者试从理论层面分析个中原因，探寻做大、做强OTC的解决方案。

营销是指个人或集体通过交易获得所需之物，从而实现双赢或多赢的过程。这个过程必须以消费者为中心，以竞争为基础，以协调为手段，利润是营销的结果而不是企业的目的。处方药销售和OTC营销的区别在于面对的消费者不一样，处方药主要面对医生，医生是权威的推荐者而不是使用者，真正的消费者选择余地很少；OTC面对的是广大消费者，顾客走进药店，店员难以判断其需求，推荐只能有限影响顾客的购买行为，所以OTC需要面对广泛且不确定的个体，不像处方药只需要“搞定”医生就可。可以说做处方药偏销售，关键是关系能力；而OTC偏营销，重在系统运营能力。

业绩平衡计分

要实现营销的多赢，药企必须提高组织的系统运营能力，这就要求营销必须面对整个供应链和价值链，不仅要开发和运用价值链，更重要的是持续建设，让各个供应链均得到合理利益。做医院配送的商业公司，不管厂家中标价的高低，只收8%左右的配送费，厂家招标报价也会预留这个价格空间。做药店配送的商业公司就没有这么稳定的收益，品牌OTC品种常常高价购进、低价卖出，亏本是常态；非品牌品种虽能将价格抬高一点，但销量有限。品牌厂家为价格秩序犯愁，非品牌厂家为动销犯愁，就是因为OTC供应链不能很好满足各个链主的利益。

产业链上的各个环节有无价值是企业生存发展的基础，有价值的才有机会被整合到产业链中，否则就出局。这就是供应链管理，其关键在于能使各链主产生价值。评价一个企业的供应链是否出现问题，或是否具备系统能力，就在于企业内部各环节能否参照市场标准，能否彼此完全协同，能否延伸到供应商、分销商、零售商、顾客那里，能否让顾客满意。如果OTC营销能像处方药营销那样让各个链主都能得到合理利益，销量的持续增长就不是梦。安利的产品差异化不大，价格也高，为什么能在中国突破200多亿元的销售额？关键就是共赢。供应链的各方均获得价值，营销就能高效，否则就会产生断层，影响销售。简单地说，营销创造价值，价值就是能否让链条上的每一位顾客满意。

平衡计分卡是打通供应链和价值链的工具。由罗伯特·卡普兰与戴维·诺顿共同发展的绩效衡量模式——平衡计分卡，打破了传统的只注重财务指标的业绩管理方法。传统的财务会计模式只能衡量已发生的事情，无法评估组织领先的驱动因素。很多企业在年末超负荷地向经销商压货，只是为了冲销售任务完成财务指标，而不顾市场和客户的接受度和满意度，最终要为此付出代价。

OTC营销应从四个角度审视自身业绩，即财务指标、顾客满意、内部运营、学习与成长。从财务指标看获利能力，从内部运营看运营能力，从顾客满意看竞争能力，从学习与成长看持续发展力。

链主利益均沾

1. 消费者得实惠

OTC以消费者自主选择、自我付费为主，与处方药的被动选择、社保买单为主不同。购买OTC品种，消费者更重视疗效、价格，大品牌的OTC品种往往是同类品种的国家药典标准制定者，产品品质过硬；价格一般在15～30元，按最新公布的《广东省药品交易规则（试行）（征求意见稿）》，日疗程费用基药小于1.5元、非基药小于3元的归属低价药品，医疗机构可以自行遴选品规和生产企业，这对品牌企业有利。

OTC价格过高，消费者不一定买账，很多蒙派营销高手很会炒作品种，但往往广告一停，销售也跟着停。顾客才是真正的终端，是供应链的关键环节，让顾客得到真正的实惠，是品牌不断加分的源泉。

2. 零售商得实利

零售药店是销售OTC的主战场，虽然受国家政策影响，近年销售增长有所放缓，但随着整个市场“蛋糕”的扩大和医院无法比拟的便利性和良好服务，连锁药店的销售额仍在不断提升。OTC企业只有加强和连锁药店的战略合作，保证供应链的核心链主——零售商的利益，才能让产品得到良好的陈列、热心的推荐、周到的服务，反之则会被拿来做特价、长期低价销售、藏在货架最不显眼的地方等，不但影响医院和分销商的价格体系，也失去了和消费者更多的接触机会。

很多OTC品牌企业认为自己拥有品牌，能为商家带来客流，所以不考虑药店的经营成本和正常的利润需要。然而药店长期按不正常的价格销售，会导致整个供应链其他链主的连锁反应，导致大家冷漠对待，产品一有问题就被群起而攻之，最后被取而代之。

3. 经销商得实效

厂家应该遵循和经销商合作的十六字方针：网络共建、信息共享、品牌共创、利益共赢，和经销商共建销售网络，加强分销。经销商是厂家的“蓄水池”，只起到回款和配送的作用，更多的二级分销商才是通达各终端的“水管”，需要厂家共建；强化经销商信息沟通机制，除了进、销、存和业务员管理外，还要在政府事务进医保、入目录、招投标等方面为客户创造更好的营销条件或提供一流的差异化服务；共同开展公益营销，联手打造品牌，塑造形象，最终实现利益共赢。

（作者：柯华松，原载于《医药经济报》，2013年11月11日，
原题为“OTC价值环环相扣”）

省级经理的五项修炼

前几年，药企一般都以“渠道驱动”为主，即便是终端驱动，也不像今天那么难以驱动，因此，在以往的组织架构上，药企主要设置大区经理、商务经理和OTC经理。其中，大区经理一般负责好几个省的业务，商务经理负责某个省的收款、发货等商务工作，每个省一般有3～4名商务经理。OTC经理则负责该省的终端开发上量，同时，每个省还在当地招聘几十人不等的OTC代表。大区经理虽然对商务经理和OTC经理的工作有指导责任，但毕竟同时管辖好几个省（区），很难真正深入到这些一线经理当中，而商务经理、OTC经理之间由于负责客户、管理范围、考核指标等方面的差异，使得他们虽同在一个省（区）却常常各自为政，这种结构导致责任不明确、工作效率低下，难以完成销售任务。

现阶段，药企越来越重视团队作战，特别是新医改启动后，政府对医药市场的主导性加强，做好对政府的事务工作，甚至是决定一家企业能否在某个省完成任务的重要因素。因此，不少药企在销售部门设置了“省级经理”这个岗位，而省级经理，就是其所负责省份的“最大领导”，是省区销售任务的第一责任人，全面负责该省的商务、终端、政府事务等工作。当然，这个角色必须非常熟悉本省的市场、客户，负责分配省（区）促销资源、管理团队，并有能力带领团队执行公司的各项方针大政；同时，省级经理应对大区经理负责，接受大区经理的监督考核。省

级经理既是管理者，又是执行者，集责、权、利于一体，人、财、物于一身。

那么，新医改环境下，一位优秀的省级经理应该从哪些方面修炼本领，提高自己的综合素质呢？

一颗红心：拿下指标，不找借口

何谓“一颗红心”？即省级经理坚决完成身上所背负的营销目标（销售指标）。省级经理是整个省销售指标的第一责任人，对目标应该有“坚决拿下”的意志和毅力，并时刻围绕工作目标，带领团队为实现目标不断找方法，不找借口。

两个方向：找对了路，就不怕远

省级经理应为工作设定明确的外部方向和内部方向。路对了，就不怕远。

外部方向就是要让客户满意。基于“客户让渡价值”理论，当客户从企业提供的产品中获得的利益大于其期望时，客户便会趋向满意。在产品利润已经相对透明和固定的市场环境中，省级经理应充分整合工商资源，控制分销渠道，加强终端快速响应和产品品类合作，提升终端价值。一句话，省级经理应能整合价值链各链主的资源，并使其发挥最大效用，为各级客户服务。

内部方向就是要不断学习与成长，既能运筹帷幄，又能亲自上场作战。因此，省级经理必须加强学习，借助医药类专业媒体的平台，定时登录卫生部、各级食品药品监督管理局官方网站等，掌握最新市场和政策信息，理论指导实践。要知道，再丰富的经验也终会归零，“为有源头活水来”。

三大结构：牢牢掌控，立于不败

省级经理对所辖区域应有良好的掌控能力，在变幻莫测的市场中，牢牢掌握渠道、产品、价格三大核心要素，才能立于不败之地（如图3所示）。

拿什么攻占地区市场？载体当然是产品。对产品进行规划、定位之后，以产品为点，其放射线的重点在产品定价、市场价格秩序的维护和促销上；而产品的价格又与促销、宣传密不可分——但凡广告宣传投入大的产品价格，基本上都是同类高价的。

至于渠道的开发和维护，一方面取决于所在地区渠道的长度与宽度，另一方面则取决于产品的市场价格，能否让客户有利可图。以终端药店为例解析三大结构，即以客户（药店）为中心，加强培训、陈列、促销和维价，让客户卖且愿意卖产品。在药店外即是加强空中品牌推广，在地面加强消费者教育。

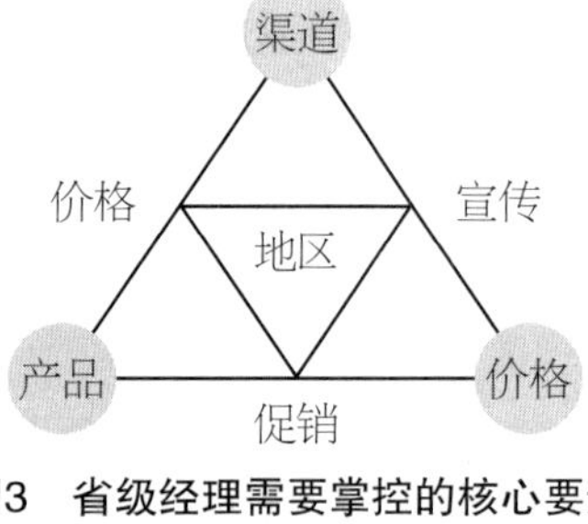

图3　省级经理需要掌控的核心要素

四张网络：勤劳织网，网住资源

销售人员就像勤劳的蜘蛛，只有辛勤织网，才能网住更多的资源，网住更多的销售额。作为一省之“长”的省级经理，必须从四个方面构造网络。

客户网络：它指一、二、三级客户及终端网络。客户网络是省级经理完成任务的保证，在客户网络的耕耘上，应以执行者的身份，帮助客户卖产品，帮助客户发展生意，才能获得牢固有效的客户网络。

媒体网络：“事件营销更胜广告”，营销离不开媒体、广告公司等的支持。省级经理在市场策划上懂得借用媒体、广告公司的资源，往往可以事半功倍。

政府网络：结合政府政策分析市场，制定合适的市场策略。其中，医保、物价、招标、卫生等行政部门，都是与企业销售工作联系得比较紧密的。要做到“平时多拜访，急时能支持”，巩固与政府部门的关系，发挥政府资源优势。

个人网络：它指朋友及个人资源网络。人脉就是钱脉，多个朋友多条路。销售人员奋战在外，很有必要多认识行业内外的朋友，互相交流市场信息、行业动态、工作体会和人生感悟。朋友多机会就多，省级经理往往在不知不觉中就会受到影响并得到别人的帮助。

五种能力：学会整合，机关枪变坦克

这五种能力分别为：意志力、执行力、沟通力、思考力和整合力。五项能力中，最首要的是意志力。销售人员独自征战市场，远离总部的依靠、领导的指导、同事的帮助，甚至远离亲人的关怀，有了意志力，才会有在市场中的求生能力和对工作的求真态度。

省级经理应具备的第二项重要能力是执行力——贯彻总部理念，执行总部的销售策略。俗话说：“三流的点子加上一流的执行，胜过一流的点子加上三流的执行”，等待是永远没有结果的，必须用自己的行动去争取成功。

沟通力要求省级经理不但要和客户有良好的沟通，还应与上下级有良好的沟通。“有沟通就有可能。”

思考力是指具备学习和思考的能力。要制订读书学习的提升计划，思考上力求深刻，行事上力求简单，结果才会有效。

整合力则要求省级经理能整合各种资源、各种模式。手上的资源、行动方法如果零散地、毫无规划地使用，最多只能发挥“机关枪”的威力；一旦整合，改变资源组合的结构，就有可能发挥出“坦克”一样的威力。

结语

一颗红心、两个方向、三大结构、四大网络、五种能力，是合格的省级经理的五项修炼。修炼的境界并非靠强制力量或威逼利诱，而须精通理论和技巧，进而付诸实施。省级经理长年在外为企业开疆拓土，承受着巨大的心理和生理压力，正如彼得·圣吉所言：“要有一种‘求真的力量’，才可以在心智上由‘普通灯泡散漫的光’转化为‘激光’一般强大而持久的凝聚力。”

提升工作业绩，活出生命精彩。

相关链接

彼得·圣吉在研究中发现，要使企业茁壮成长，必须建立学习型组织，即将企业变成一种学习型的组织，并使组织内的人员全心投入学习，提升能力以在本职岗位上获得成功。因此，《第五项修炼》这本书不仅从事管理工作的人员需要研读，而且只要是从事传授知识、创造知识和创造财富的人都应该了解和深入研读。

《第五项修炼》的五项修炼概括地说包括自我超越、改善心智模式、建立共同愿景、团队学习、系统思考。

第一项修炼：自我超越

“自我超越”的修炼是深刻了解自我的真正愿望，并客观地观察现实，对客观现实进行正确的判断。通过学习型组织的不断学习激发实现自己内心深处最想实现的愿望，并全身心投入工作、实现创造和超越。此项修炼兼容并蓄了东方和西方的精神传统，修炼时需要培养耐心、集中精力，对待学习如同对待自己的生命一般全身心地投入学习型组织。它是学习型组织的精神基础。

第二项修炼：改善心智模式

心智模式根深蒂固于心中、影响我们如何了解这个世界，以及如何采取行动的许多假设、对事物的价值评价，以及沉积在自我心灵深处的印象等。我们通常不易察觉。通常在刹那间决定什么可以做或不可以做，就是心智模式在发挥着作用。把自己的工作组织看成学习的场所，把自己的工作组织看作是转向自己的镜子，是心智模式修炼的起步。我们要发掘内心世界的潜在能力，使这些能力浮在表面，并严加审视。心智模式的修炼还包括进行一种有学习效果的、兼顾质疑与表达的交谈能力——有效地表达自己的想法，并以开放的心灵容纳别人的想法。

第三项修炼：建立共同愿景

共同愿景指的是一个组织中各个成员发自内心的共同目标，在一个团体内整合共同愿景，并有衷心渴望实现目标的内在的动力，将自己与组织共有的目标、价值观与使命联系在一起，主动而真诚地奉献和投入。组织都在设法以共同的愿景把大家凝聚在一起，作为个人要善于将领导的理念融入自己心里，在组织中为实现共同的愿望而努力，通过努力学习，产生追求卓越的想法，进而转化为能够鼓舞组织的共同愿景，激发自己追求更高目标的热情，并在组织中获得鼓舞，使组织拥有一种能够凝聚并坚持实现共同愿望的能力。

第四项修炼：团队学习

团体的集体智慧高于个人智慧，团体拥有整体搭配的行动能力。当团体真正在学习的时候，不仅团体整体产生出色的成果，团体成员的成长速度也比用其他学习方式更快。

团体学习的修炼从“深度会谈”（dialogue）开始。“深度会谈”是一个团体的所有成员，摊出心中的假设，从而进入真正一起思考的境界，让想法自由交流，以发现远高于个人想法的见解。以有创造性的方式察觉别人的智慧，并使其浮现，学习的速度便能大增。在现代组织中，学习的基本单位是团体而不是个人，因此这显得非常重要。

第五项修炼：系统思考

企业和人类的其他活动一样，是一种系统，也受到细微且息息相关的行动的牵连，因此必须进行系统思考修炼。修炼系统思考是建立学习型组织最重要的修炼。

彼得·圣吉认为，系统思考也需要有“建立共同愿景”、“改善心智模式”、“团队学习”与“自我超越”四项修炼来发挥其潜力。他十分重视第五项修炼，并认为它高于其他四项修炼。少了系统思考，就无法探究各项修炼之间如何互动。系统思考强化其余每一项修炼，并不断地提醒我们，融合整体能得到大于各部分总和的效力。

《第五项修炼》的核心是强调以系统思考代替机械思考和静止思考，并通过了解动态复杂性等问题，找出解决问题的高“杠杆解”。《第五项修炼》涉及个人和组织心智模式的转变，它深入哲学的方法论层次，强调以企业全员学习与创新精神为目标，在共同愿景下进行长期而终身的团队学习。

（作者：柯华松，原载于《医药经济报》，2009年12月21日，
原题为“省级经理五项修炼”）

社区市场是OTC渠道的新“蓝海”

主持人：陈爱军　王　军

嘉　宾：柯华松　广州白云山和黄中药有限公司副总经理

从10月份开始，江苏省无锡市城区社区卫生服务机构在药品集中采购、统一配送的基础上，实行药品零差率销售制度，药品一律以实际进价供应给患者，取

消的药品加价部分由市政府以总额预算、按实结算的形式予以补助。

一直以来，尽管政策的利好消息不断传来，但由于没有具体的措施出台，许多医药生产企业都认为潜力巨大的社区市场只是一种远景，迟迟没有实质性的动作。“零差价”是今年各地卫生部门大力推行的一项重要举措，随着“零差价”的推行，开拓社区市场的时机是否已经到来？

时机：中央财政加大对社区公共卫生的投入

主持人：今年9月，国务院城市社区卫生工作领导小组办公室主任、卫生部副部长蒋作君接受中国政府网采访时指出，中央财政从2007年起将社区公共卫生纳入预算，中部地区人均补贴3元，西部地区人均补贴4元。这是否意味着开拓社区市场的时机开始成熟？

柯华松：我个人认为，时机是否成熟还不能肯定，这只是一个良好的开始。中央财政补贴3元钱或者4元钱能起到的效果究竟有多大，还有待以观后效。

主持人：近期以来，一些地方的卫生部门如深圳、杭州等地都制订了对社区卫生服务机构的资金投入计划或拨款进行试点，看来有关部门正在把公共卫生服务是公益性事业这一理念贯彻实施，企业现在进入社区市场是不是较为有利？

柯华松：这个问题和前一个问题相似，政府的导向对于市场的发展有着重要意义，但最终还是要看市场的实际发展情况。

利润：“零差价”是否有利可图

主持人：今年各地卫生部门最引人注目的举措是推行“零差价”，鼓励生产企业向社区供应廉价的基本药物，其方法是通过简化包装、统一配送等来降低药品成本。由于竞争激烈，药品的利润微薄，生产廉价的基本药物是否有利可图？

柯华松：首先要解决好配送的问题。假如国家要求生产厂家直接向社区卫生服务机构配送，这一点生产厂家很难做到，比如说，我们怎么能够配送到上海的社区卫生服务机构呢？在利润方面，对生产厂家的确是一个挑战，社区卫生服务机构是否会向生产厂家提出补偿要求？就算社区卫生服务机构不提出要求，但在激烈的市场竞争环境下，也难保没有生产企业主动提出给社区卫生服务机构一定的补偿。

主持人：“零差价”政策的实施会不会增加对药品生产企业的吸引力？

柯华松：吸引力不是很大。政策虽然给生产企业放宽了利润空间，但市场是否允许生产企业实现这个利润空间还不好说。比方说，政策将利润率由3%放宽到5%，看上去多了两个点的利润空间，但是，由于市场是一个博弈关系，有的生产厂家为了占据市场，仍然以3%的利润率销售，那么，以5%的利润率销售的同类品种就会失去市场。这样一来，放宽的利润空间并没有得到实现。

主持人：有人认为，供应社区卫生服务机构的“零差价”药品采用定点生产的方式会造成垄断，引发不公平的竞争，请问各位嘉宾对此怎么看？

柯华松：国家公布的定点生产的品种很少，占整个社区门诊用药的比例也很小，应该不会形成垄断。就算有个别的垄断产生，也是区域性的，不足为虑。

主持人：相对于企业热衷的农村市场，目前进入社区市场的主要障碍有哪些？解决这些问题该从何处着手？

柯华松：相对农村市场来讲，社区卫生服务机构很像一个小型的医院，因此，进入社区市场会像进入医疗市场一样，需要获得社区医生对品种的信任。从这一角度上讲，进入社区比进入农村市场更有难度。

（作者：陈爱军、王军，原载于《医药经济报》，2006年10月16日，原题为“开拓社区市场正当时”）

关注社区用药，对接终端需求

去年10月卫生部和国家中医药管理局共同发布《社区卫生服务机构基本药物目录（征求意见稿）》（以下简称《征求意见稿》）的时候，《医药经济报》的记者迅速关注了药企的反应。如果用“略显紧张”来形容药企当时的心情的话，那么，经过近一年的酝酿，当《社区卫生服务机构用药参考目录》（以下简称《参考目录》）正式公布之后，企业的反应已变得更加理性。

社区反应：范围扩大，自主调整

据了解，去年《征求意见稿》刚刚出台，就有学者和基层医务工作者对目录范围过窄、全国“一刀切”等问题表示了担忧。而我们看到，此次公布的《参考目录》不但品种增加了100多种，还明确指出“各省、自治区、直辖市卫生厅局和中医药管理局可根据本地区疾病谱和用药习惯以及药品供应情况等因素，对《参考目录》的药物品种进行调整”。

北京市房山区周口店中心卫生院院长苏仁明告诉《医药经济报》记者，制定目录是为了更好地满足社区居民的就医需求。在确定《参考目录》之前，相关部门确实认真征求了社区卫生服务机构的意见。他们当时提议，要尽量删除价格过于昂贵的品种，多增加廉价的品种。从目录最终出来的情况看，基层提的意见被采纳了。“现在，我所在卫生院的用药基本能满足患者的需要，价格普遍比较便宜，只有为数不多的几个品种稍贵一些。”苏仁明表示。

“我在《征求意见稿》公布的时候就表示，国家是想控制费用，出发点很好，但在具体运作上不能搞‘一刀切’，现阶段目录的范围也不宜设得过小。”上海交通大学教授、社区问题研究专家鲍勇指出，比如上海，医保卡是实现了“一卡通”的，在社区卫生服务机构、二级医院、三级医院都可以刷卡，如果社区药品种类太少，就有可能把患者重新“逼回”上级医院。《参考目录》一是扩大了品种范围，二是允许各地根据自己的实际情况进行调整，这样就能更好地根据实际情况灵活调整了。

鲍勇进一步分析指出，从长远看，社区的用药品种应该越来越少，因为社区应当逐渐转变为“以健康管理为主”的基层医疗机构，全科医生也会渐渐地发展成为居民的健康管理师，社区的作用应该是将疾病控制在一定范围之内，并将有需要的患者转至大医院。要达到这一步，必须具备两个条件：第一，完善健全的“守门人制度”。第二，全科医生真正成为健康管理师。

企业姿态：中药激增，信号明确

记者将《征求意见稿》与《参考目录》进行对比后发现，后者无论是中成药还是化学药的品种，都在前者的基础上有所增加，但增加的比例有很大不同：中成药的品种由155种增加到243种，共增加八十八种；化学药则只由243种增加到266种，共增加二十三种。而且《参考目录》适用于所有的社区卫生服务中心及其下属卫生服务站，《征求意见稿》则将社区中心的用药与卫生服务站的用药严格区分。

对于这样的变化，鲍勇认为“信号非常明确”。他表示，有关部门就是要加强中医药在社区常见病、慢性病治疗中的使用，这是一个既定的方向，符合中国国情。中药物美价廉，尤其是在第三终端，更能发挥中药的优势效果。

对于此，药企方面也持相近观点。白云山和记黄埔中药厂副总经理柯华松认为，中药在价格上还是很有优势的，效果也很好。有关部门希望社区和农村市场能有更多物美价廉的药品，让老百姓得到实惠。葵花药业集团综合部经理吴国祥也表示，《参考目录》新增加了许多中成药，这个消息令中药制药厂家振奋。

另有药企管理层人士认为，《参考目录》中中成药比重的加重，符合现今市场的实际情况——虽然中医药在过去几年“很受伤”，但国家非常重视中医药在第三终端特别是在社区的发展，对于广大的常见病、慢性病患者而言，中医药的疗效有目共睹。在此背景下，《参考目录》增加近百种中成药，也就不足为奇了。

市场现状：竞争面前，品质第一

在与《参考目录》一同公布的通知中，有一条规定是药企十分关注的，那就是“西药除个别特殊情况外，注射剂型和口服剂型一般只准选一家企业生产的药品制剂品种，并且以国产或仿制药品为主。中成药主要是口服剂型，各社区卫生服务机构一般只准选择一家企业生产的一个口服剂型（包括片剂、胶囊剂、丸剂、颗粒剂或口服液）品种”。这条规定意味着，即使生产的品种进入了《参考目录》的“大名单”，药企面临的竞争仍然十分激烈。

在《参考目录》新增品种中，不乏有护肝类、糖尿病类等在第三终端已经打开市场的品种。一些在新增品种上有较大优势的企业均表示，他们不担心竞争，并有信心做好。以护肝片为品牌产品之一的葵花药业有关负责人表示，虽然市面上生产护肝类产品的竞争企业有好几十家，但他们占据了很大一部分的市场份额，这也说明了他们在质量、价格、品牌上的优势，因此不太担心竞争。而一家生产清热解毒类用药——口炎清的大型制药企业则表示，当时《征求意见稿》中没有出现“口炎清”，但他们一直很有信心，后来该产品在《参考目录》中出现了。生产同类品种的其他企业要想在该领域分一杯羹，需要付出更多的努力。

另外值得关注的是，在一些竞争已近白热化的品种上，各企业都表现出谨慎的进取心态。例如，六味地黄丸不但生产厂家众多，还有北京同仁堂、仲景等生产的极具竞争力的品牌产品。吴国祥坦言，作为普药产品，六味地黄丸的跟风生产企业很多，与品牌产品相比，它们在竞争中可能会处于劣势。“但我相信，最关键的是要让老百姓认可产品的品质，有了品质保证，企业就能在市场上争得一席之地。”

柯华松则表示，那些竞争激烈的品种，企业应首先立足本地，然后才能面向全国。他认为，企业首先应充分发挥自身优势，过产品质量关，并体现价格优势；其次，产品依托品牌，充分发挥品牌的效用；再次，要做到服务到位，保证分布在各地的经销网络畅通，确保“第三终端战线”在全国各地顺利延伸开来。

关注焦点：几大目录，尚需协调

除了关注《参考目录》中的具体品种，药企更关注因此带来的宏观层面上的影响，这些影响既是由《参考目录》本身带来的，也是由相关的几个目录共同引发的。

“《参考目录》对药企的影响还是很大的。”吴国祥坦言。柯华松则认为，《参考目录》对药企是一种指引。去年以来，国家对社区的关注力度加大，药企必然会根据新出台的《参考目录》调整战略部署。“对白云山和记黄埔中药厂而言，不存在太多的调整。”柯华松说，“因为我们一直在做第三终端领域的开发和拓展。”

与此同时，《参考目录》也给药企带来了一个不大不小的困惑：《参考目录》与目前在各地推行的《社区药品统一配送目录》以及SFDA针对第三终端用药公布的《第一批定点生产的城市社区、农村基本用药目录》，三者之间如何协调统一？三类目录都是政府相关部门制定的，企业自然希望严格执行，在相关目录的引导下搞好生产。同时企业希望相关部门能做好三类目录的协调统一工作，能够制定出相对统一的、覆盖面更大的、更方便企业操作的目录。

记者从一些社区卫生服务机构了解到，三类目录不统一，对部分社区卫生服务机构的影响并不是太大。因为现在很多地方实行统一采购、统一配送，各社区还是依照《统一配送目录》向指定的配送商采购社区用药。

尽管如此，社区和企业的疑虑还是依然存在：仅以北京为例，北京是全国首个尝试全市社区卫生服务机构施行药品统一配送的地区。目前，北京的《统一配送目录》包含的品种显然无法覆盖《参考目录》中的所有品种；换言之，《参考目录》中的药品无法全部“配送”到基层。对此有专家呼吁，针对三类目录不统一的现状，希望各相关部门联动起来，在现有目录的基础上，协调多方关系，共同制定一个更为统一的目录。

（作者：彭鑫，原载于《医药经济报》，2007年10月29日，
原题为“社区用药　一‘目’了然”）

终端策略篇

ZHONGDUAN CELUE PIAN

决胜终端就是要销量，要销量就要下沉到门店

创建供应链利益共同体

2006年，药品的第18次降价拉开帷幕，药价持续走低已是必然趋势。药品的价格是全民关注的焦点，也是市场竞争最直接有效的杠杆。与此同时，种种因素使药品的营销成本走高。残酷现实面前，矛盾的主体承担者——医药企业该如何作为？作为“连坐者”，流通和终端又有何感受？

成为一条绳上的蚂蚱——创建供应链利益共同体

药品降价可分为政策性降价和竞争（促销）性降价。对于前者，企业只能采取规避、调整、适应、创新等手段应对；而竞争性降价是药企最应关注并能有所作为的，同时也是最棘手和难以应对的。

目前，生产成本与营销成本不断攀升已是不争的事实。在白热化的竞争情况下，提价只是药企的一个奢望！因此，药企唯有将传统营销学中的“产品、渠道、品牌”做到极致，才能杀出“红海”，寻到“蓝海”。这其中的核心是：创建供应链的利益共同体。

如何让供应链上的每个个体成为一条绳上的蚂蚱

所谓供应链利益共同体，就是供应链内的原材料商、制造商、供应商、分销商、消费者都应得到合理均衡的利益或服务，这样才能产生良性互动，势能推动，共同发展。

大多数OTC药企，在营销渠道上实行一级经销二级分销制，平价风暴使终端价格压低，终端上行而挤压经销商和分销商，后者再上行挤压厂家，最终厂家承担了价格降低之恶性循环的痛。一级经销商是产品市场的“蓄水池”，旱涝保收；二级分销商是产品到达终端的“水管”，管网纵横；终端（药店）是产品到达顾客手里的“水龙头”，拧开即有。厂家每日每月向“蓄水池”蓄水，只要能维持合理的势能（水压），系统就能顺畅顺流；若不能维持合理的势能（供价售价价差），系统就会产生逆流。

药企营销，要管理好“蓄水池”、“水管”、“水龙头”，关键是控好水压，如此方能产生合理流动的势能，也就是要调控好价格，建立价格维护体系，保证供应链系统内多方利益的分配均衡，让利益驱动销售。为什么很多品牌药被终端拿来祭价，被非品牌药拦截，被终端摆放在最不显眼的角落？重要原因就在于品牌药在供应链利益分配上不均衡，或者自恃是品牌、是名牌，不屑均衡，最终，市场会作出合理的“选择”。

终端价格维护行动中的“和黄模式”

2005年12月，白云山和记黄埔中药有限公司（以下简称“白云和黄中药”）在全国实施“价格维护，亮剑行动”，掀起品牌厂家品牌产品的终端维护价格风暴，保护消费者、销售商、供应商的合理利益。这次行动市场接受，商家肯定，收到了良好的效果。

白云山和黄中药与终端签订协议，对执行规定的售价者，进行奖励、返利及其他方面的支持服务，如成为白云山和黄中药“家庭过期药品免费更换”授权定点药店等引导终端，倡导合作才会双赢。在降价趋势下，药企和终端共同建立利益共同体才是长效之计。

也有部分终端担心，维价（涨价）是否会影响销量？其实所谓的维价（涨价）只是对过去扭曲的价格做一个矫正，是在国家政策及市场接受的许可值内进行的。也许，价格只是在一元或几角之间变动，但其获取的利润率却有8%~10%，满足了行业对销售毛利率的期望，因此，不会影响销量，相反，由于供应链系统内多方的利益得到了保障，销量还会得到提升。

价格维护需要对终端进行奖励，这增加了供应商的营销成本，在供应链系统内，看似不均衡，但它激活了供应链的其他成员，促使销量得到增长，规模得到扩大，由此带给供应商的利润远远超过由此而付出的成本，供应链内的“逆流”消失，每一环节的商家向上一环节的供应商压低价格挤压利润的现象也不复存在，厂家对商家的掌控权大了，双方在系统内和谐均衡发展，共同赢取市场。

也许有人会问，全国药店有二十多万家，终端浩如烟海，如何亮剑？其实，不管是“二八原理”，还是领头羊现象，抑或是武术中的四两拨千斤之玄妙，关键就在于掌握重点市场，掌握重点终端，特别是对在区域内有影响有品牌的终端、销量大的终端、玩平价玩噱头的终端进行重点关注，维护好合理的价格，就可以引领市场价格向着有利于我们的方向发展。事实上，鉴于资金、成本、资源等因素，中小型药店不是市场价格混乱的始作俑者，他们的售价本身就接近厂家的限价水平，也更愿意配合厂家的维价行动。

商业活动不同于战场，不是你死我活；商业活动中的供应链是利益共同体，是双赢，是多赢，如同一个自然生态系统，共生、共存，休戚相关，荣损与共。在降价和营销成本走高的趋势下，在目前的大环境下，创建供应链的利益共同体仍是一个十分困难的工程，但是，随着商业环境趋良，共赢多赢的思想必为人们所接受。

品牌药被终端拿来祭价，被非品牌药拦截，被终端摆放在最不显眼的角落——重要原因就在于品牌药在供应链利益的分配上不均衡。要预防此类现象的发生，建立供应链的利益共同体势在必行，这更是药企促进销售持续增长的不二法则。先人一步，虽风险大些，但收益更大。

（作者：柯华松，原载于《销售与市场》，2007年9月，
原题为“2006，医药企业如何突破降价困局”）

促销是终端服务的利器

“促销”作为4P之一，在管理学院及商学院的教科书上有多种解释，我们还是更倾向于美国哥伦比亚—南卡罗来纳大学达拉·穆尔商学院的营销学教授特伦斯·A.辛普的解读。促销（Sales Promotion），指商家用以诱使批发商、零售商、消费者购买一个品牌的产品，以及鼓励销售人员积极销售此产品的激励措施。

促销有广义和狭义之分。广义的促销主要指延时促销，包括免费试用、联合促销、竞赛、公关赞助、会员营销、形象推广、事件活动等，短期不会明显地增加销售，但对长期增量有很好的延时效果。而狭义的促销，则包括折价、附送赠品、集点换购、抽奖、渠道激励、现场展售等短期刺激销售的活动，即即时促销。在OTC终端促销当中，两种促销类型经常交互使用，往往以组合的形式出现，充分体现了促销手段的多样性和延展性。

促销的组织落实

资源往往集中在少数人的手里，同样，药企领导掌握了促销资源的分配权力，但是领导“过度使用”或者“挥霍”这种权力的现象在实际中很常见，这不仅会导致资源分配不均，还往往会使结果适得其反，无法达到预期的促销效果。

因此，作为领导者，应从“促销资源分配者”向“信用监督者”转变，基于市场状况给予区域充分的信用授权，让执行者因地制宜地发挥才智。但授权不代表放任自流，领导者需扮演好监督者的角色。通常我们会建立一些制度来制约，比如促销负责人制度、结案评估制度、奖惩制度以及信用等级制度，这样一来，很好地解除了领导者的困惑和苦恼。

OTC更要常促销

OTC终端为什么做促销，促销的目的是什么，理解这一点非常关键，有的是为了提升企业品牌的知名度和美誉度，有的是为了和消费者交流沟通，有的则是为了促进新品的销售，但是毫无疑问，促销的终极目标都是增加销量，改变目标顾客的态度。

总的来说，增加销量的途径有两种：

其一，扩大目标顾客群，包括品类转换、品牌转换。比如，在白云山和黄中药期间，我们建立的“家庭过期药品回收机制”，消费者拿其他厂家过期的板蓝根颗粒，就可以换购白云山牌的板蓝根，还有花城制药的“空瓶空盒可换药”活动，也引导消费者做品牌间的转换。

其二，则是提高单位消费量，包括增加消费频次，增加每次消费量。比如，在花城制药期间，我们提出的“联合用药”，把抗病毒颗粒和猴耳环胶囊捆绑销售，既治疗了感冒又达到了中药消炎的目的，无形中也提高了消费者的客单价。因此，促销的目的一定要明确，坚决不做无谓的促销。

促销的分类

结合多年终端促销的经验，我们根据促销活动的形式对促销进行了分类，大致可分为以下几种。

主题促销：让促销与品牌互动，让促销传播品牌的核心价值。

商业促销：应以分销为主，会议、套餐是主要形式。

KA店促销：用优惠吸引购买，表达自己产品的USP（独特的卖点），让顾客感到物超所值。

社区促销：与社区医疗站、药店等开展社区居民卫生教育。

药店促销：给老顾客优惠，刺激新顾客购买。

协同促销：类似招商银行信用卡与携程旅行网的横向协同。

同时，我们对多种有效促销手段进行评估，并根据消费者的欢迎程度进行排序，得到的结论是：打折是最受消费者欢迎的促销手段，其次是免费试用，顾客对买赠活动和店内海报的喜好程度非常接近。

促销应直击目标人群

在OTC终端市场，企业主要影响的群体无外乎三种：消费者、店员以及药店。

如何培养忠实消费者，并且挖掘潜在消费者，也是困扰OTC企业的难题之一。我们总结了一些针对消费者的促销手段，主要包括样品派发、礼品促销、包装赠品、折价、换领（购）、直邮信息、义诊咨询及社区教育等。

白云山和黄中药在各个省市深入社区的“健康教育”就是很好的例子，OTC代表携手社区周边药店向社区中老年人宣传心脑血管保健常识，免费提供健康咨询和用药安全方面的服务，既拉近了企业和潜在消费者的距离，又很好地为复方丹参片做了宣传推广。

另外，DM或夹报直投也是不错的选择，利用企业的品牌效应在连锁药店DM

单上告知促销信息，由药店发放给会员或周边小区的居民，或者花费很小的代价把产品的宣传单页夹在《老年报》、《社区报》里随着报纸直投到居民的信箱。

店员是OTC产品和消费者之间的桥梁，尤其是在相关部门明令禁止企业在药店派驻促销员之后，店员的作用就更加重要了，往往他们一句话就可以直接决定产品的命运，因此针对店员的促销也必不可少，我们主要采用的手段有推荐率考核奖（神秘顾客活动），小礼品、试用品分发，佣金积分，药店间的竞赛（陈列比赛、POP比赛等），旅游，培训等。比较成功的例子有药店店员有奖征文，店员通过活动可以进一步了解产品，而“千人千店”则是以区域为单位组织店员旅游培训。

我记得在过去很长的一段时期内，OTC企业里有个现象，从事商务工作的同事会看不起做OTC的，他们常常会讲，商业一次收回多少多少预付款，而OTC纯销的拉动到底能有多大。白云山和黄中药在国内是比较早建立OTC营销队伍的，在2007年左右OTC的比重可以占到25%～30%，因此终端药店的消化能力不能轻视，我们非常注重针对药店的促销，比如购进折扣（数量折扣及现金折扣）、维价奖励（执行厂家规定的零价）、销售奖励（完成销量任务的奖励）、品牌提升（刊登广告及大型活动联合）等，一系列促销政策的出台，也逐渐改善了与药店的关系，除了销量外也换回了一些资源，如首推、突出陈列、联合开展会员活动等。

总之，终端是OTC企业供应链中不可或缺的一环，而促销则是服务终端、提升销量、打造品牌的利器。

（作者：柯华松、孙辉，原载于《医药观察家报》，2014年4月30日，原题为“促销是服务终端的重要手段”）

从终端拦截走向顾客拦截

“企业唯一的目标就是为顾客创造价值。”顾客是企业的资产，企业要让顾客资产增值保值，就必须了解顾客，满足顾客的需求，创造顾客认可的终身价值，提供全方位、高素质的顾客服务。从这个角度来看，顾客才是真正的终端，实施有效的顾客拦截才是最有效的终端营销策略。

在过去的一两年里，平价药店急速扩张和激烈竞争，一方面，使零售终端必须拿品牌药做特价的撒手锏，以吸引顾客眼球，树立平价的品牌形象，因此导致品牌药终端维价困难，出现了药店销售品牌药不赚钱的怪圈；另一方面，使现金流及利润成为支撑平价药店急速扩张的最重要的筹码。因此，平价药店为了提高门店资源的价值，获取更多的营业外收入，纷纷让中小药企派促销员进驻药店，向顾客推销自家的产品，终端拦截由此兴起。而经过了GMP认证的工厂企业，虽然花费了大量的现金，但是产能的扩张却与市场的疲软之间出现了矛盾，并成为生产企业营销老总首先必须面对并妥善解决的第一大难题，因而派驻促销员这一低成本营销手段成了中小企业的首选，对终端拦截也起了推波助澜的作用。

然而，最近出台的禁止药企以任何形式直接进入药店促销的政策，显然给了终端拦截这一营销方式致命的一击。药企的终端策略应作怎样的调整？终端拦截还有没有用武之地？这成为摆在中小型药企面前的一道新课题。

终端拦截方式列举

派驻促销员：厂家在各大卖场、平价药店交纳一定的管理费，派驻自己的促销人员，主推自家的产品，以“仿店员”的方式销售产品，拦截竞品。此方式已被政府叫停。

高佣金促销：厂家减少在广告、人员、服务等方面的投入，提取高比例的佣金奖励药店或店员，通过利益诱惑促销产品，拦截竞品。

贴牌（OEM）产品：中小工厂企业和规模较大的连锁药店合作，贴牌生产畅销的OTC类普药，并将OEM产品的销售任务下达给药店店员（甚至包括厂家聘用的药店促销员），若不能按时、按量完成，则予扣罚，通过管理权力销售产品，拦截竞品。

代理产品：厂家让药店总代理或区域代理其产品，使药店获取超额利润，通过稀缺资源的贩卖销售产品，拦截竞品。

其他：如通过设立产品专柜，买断陈列位置，与终端协议不经销主要竞品而给予利润补偿等方法进行终端拦截。

顾客才是真正的终端

终端拦截竞争的激烈导致厂家对促销员的依赖性不断增强，于是有些药店通过管理费价高者得的竞拍方式选择厂家，有一些知名平价药店收取的厂家管理费每人每月超过5 000元。有些药店为了多增加营业外收入，竟无节制地吸收促销员，甚至有的药店的促销员与正式员工的比例高达9∶1。如此泛滥的终端现状，终于引来了政府的禁令和严管。

事实上，药店的门店资源总是有限的，透支资源无异于饮鸩止渴。派驻促销员对于厂家来说原是一种低成本的营销模式，但驻店管理费的上涨使得投入产出严重不合理；终端也慢慢发现，促销员为了完成销售任务，往往不问顾客的需求，夸大产品功效，欺骗顾客，随意承诺，造成顾客极端不满，甚至有的促销员为了抢顾客而争吵、撕打，严重影响了药店的正常经营秩序，损坏了药店的商誉，导致顾客流失。另外，媒体也不时曝光药店里穿白大褂的“仿店员”——厂派促销员的不规范行为，消费者的自我保护意识也在不断提高，信息的来源与传递变得更加丰富。因此，以厂派促销员或高佣金为主导的终端拦截已走过了高峰时刻。随着政府相关政策的实施，这一模式必将日渐式微。

在全国约23万家药店中，连锁药店的销售规模在不断扩大，1 600多家连锁药企，拥有超过65 000家门店，接近全部药店数量的三分之一，而且百强连锁药店所占零售市场的比例从2003年的29.68%上升到2006年的44.96%，未来的寡头连锁药店必将逐渐形成。而工厂企业每年的增长压力，迫使其必须在和寡头化的大连锁药店博弈时拥有更大的话语权，否则，无法占领市场实现销售增长。而博弈的焦点则在于谁能拥有更多的顾客。

管理大师彼得·德鲁克说："企业唯一的目标就是为顾客创造价值。"顾客是企业的资产，企业要让顾客资产增值保值，就必须了解顾客，满足顾客的需求，创造顾客认可的终身价值，提供全方位、高质量的顾客服务。从这个角度来看，顾客才是真正的终端，实施有效的顾客拦截才是最有效的终端营销策略。也只有这样，才能为企业的可持续发展提供保障。

顾客拦截渠道多多

广告：广告是提高产品知名度、教育消费者、引导顾客的有效方式，但广告费用的飙升、广告载体的繁杂、广告创意的贫乏、广告到达率的降低等问题，都使广告单向灌输教育消费者的效果递减，更多的只是起了一个告知、记忆提醒、品牌传播的作用。

DM直邮：广告载体日益丰富，无孔不入地进入了消费者的生活圈，用信函、夹报、墙报、DM直邮等形式，将安全用药知识或消费者健康教育、疾病预防手册等实用资料，通过邮局、社区、街道、药店、媒体、政府等相关机构传递到每家每户，可较好地影响消费者，拦截顾客。

社区健康教育：公益性的社区健康教育，能充分有效地推介企业形象，提高产品美誉度和顾客忠诚度，有利于详细解读产品的功效、独特卖点、注意事项，还可以让顾客亲身体验企业提供的食疗调理、养生保健、康复预防等附加的增值服务，近距离、面对面的沟通更能深深地笼络顾客的心智。而且，通过社区活动，密切了社区药店、社区医疗中心（站）和企业的关系，使供应链和价值链更和谐。

专家义诊：药品和消费者的接触点主要是医生。社区健康教育的主要内容是合理用药及养生保健知识，着眼于未来；而专家义诊是针对具体的目标顾客，为顾客治疗诊断，排忧解难，祛除疾患，不但能有效地推广企业的产品，拦截竞品，而且融洽了医生、患者关系，彰显了企业的社会责任感。

顾客代言人：明星代言人固然可以吸引很多追星族跟随，但其昂贵的成本及明星多变的脸面使不少企业望而却步。而普通消费者的推荐、口碑宣传，更具有亲和力和说服力。在忠诚的顾客中选择产品的社区代言人，通过普通顾客代言人现身说法，影响顾客身边及周围游离的顾客，往往会起到事半功倍的效果。

顾客数据库：每一个代言人、每一个顾客都是企业的资产，企业必须建立健全的顾客服务组织及顾客档案，特别是患慢性疾病的中老年人顾客，更相信曾经服用过的产品品牌，更容易被企业的让利与优惠感动，并在自己的生活圈中不断传播。因此，将企业的新产品、新治疗方案或祝福、关怀、问候以及会员优惠、利益赠送等告知会员顾客，服务顾客，也是拦截竞品的一个好方法。

顾客体验：眼见为实，让顾客参与其中的顾客体验成为营销时尚。如邀请顾客参观GMP工厂，参观企业内部的医药博物馆，使旅游休闲与企业形象宣传有机结合，将企业的产品、品牌、文化渗透到消费者的心灵深处，从而战胜竞争对手。

企业网站：发挥现代网络覆盖广、成本低的特点，建立和顾客深度交流及提供增值服务的网络平台，是顾客拦截的又一有效方式。特别是通过“专家在线”等方式解答消费者在使用产品时遇到的疑问和困惑，为消费者提供治疗诊断服务。这样，在回报顾客的同时，更能有效掌握顾客的第一手资料。也可以通过800免费电话、QQ、短信、博客、动画等方式，邀请顾客就企业的产品、人事发表意见，互动交流。

过期药品免费更换：药品营销和其他商品的营销一样，售后服务是顾客越来越关注的方面。企业如果先人一步建立起过期药品回收机制，对过期药品实行免费更换，既彰显企业的社会责任心，又建立起了有效的竞争壁垒。

特殊渠道：普药的营销渠道也在借鉴快速消费品的渠道，特别是清热解毒类等OTC药品，开发学校、干休所、车站、机场、工矿企业医疗室、企事业机关单位的团购等渠道，让顾客有更多的机会接触并使用企业的产品，从而拦截竞品。

有人的地方就是终端，就有产生销售的可能。把终端向前移一步，机会就有可能更多一点。因此，顾客拦截的方式并不局限于上述所举，任何一个企业的营销都应紧密围绕顾客来做文章。只有不断满足顾客需要，让顾客在走进药店之前就已选定所要购买的产品和品牌，即指名购买，这就是顾客拦截的最高境界。

（作者：柯华松，原载于《医药经济报》，2007年9月24日）

终端促销三大原则

春节前后，众多药店在营养保健品及名贵中药材的促销上可谓使出了浑身解数，方式上花样百出，技巧上各自精彩。事实上，今天的药店业态竞争日趋激烈，面对生存和发展的压力，哪有一天不促销？而对于上游的生产企业来说，终端自始至终都是营销战略中的重要关隘，针对终端的促销一刻也不会放松。然而促销做了这么多年，大家都开始感叹效果越来越差，创新也越来越难，寻求促销策略上的突破已成为终端促销工作中的当务之急。通过多年的营销实践，笔者发现，工厂厂家与终端药店联合开展促销活动，可以有效地为促销创新拓展新的空间，有助于工商“双赢”格局的形成。下面是终端促销中可以借鉴的三大原则。

药店促销以利益平衡为上

经过几年平价风潮的洗涤，零售市场销售集中化明显，大连锁、大平价药企的话语权在逐渐增大，但竞争依然激烈，维护企业的利益是企业每个员工义不容辞的责任，个别人、个别OTC代表直接影响销量的时代已经过去。因此，只有工商之间建立战略合作伙伴关系，构建利益共同体，保证双方共赢，才能走得更远。具体而言，就是要树立系统化的促销理念，全方位地开展促销活动。

药店促销的主要对象是药店（企业的利益）、老板（或经理人）、店长（店员），兼顾三方，平衡利益，方可确保促销成功。

针对药店的促销手段主要有：购进折扣，即规定凡在促销期内购进，给予现金或数量折扣；销售奖励，即事先签订协议，完成销售任务者给予奖励；合作奖励，如配合价格维护、陈列优良、合理库存等，给予奖励；品牌提升，如刊登广告或联合开展大型公益活动等。

针对药店老板（或经理人）的促销手段主要有：建立战略合作伙伴关系，建立公司高层之间互动沟通的平台，为业务合作找到强有力的支持者；聘为厂家的特约顾问，或邀请参加厂家举办的高端研讨会；参观企业；为药店培训营销人员等。

针对药店店长（店员）的促销手段主要有：开展店员培训活动；开展销售、陈列比赛；旅游奖励、会议学习；赠送小礼品，加深感情，建立友谊；等等。

消费者促销以增值服务为主

毫无疑问，针对药店的促销只是促销的初级层面，因为促销的最终目标是改变目标消费者的态度，增加销量。增加销量的途径主要有两种：一是扩大目标顾客群，让顾客从别的品类、品牌转换为购买自身企业的品类、品牌；二是提高顾客单位消费量，通过增加购买频次（客流量）或增加每次购买量（客单价）来实现。因此，与之相适应的，就要求厂商联合促销，共同关注顾客，满足顾客需求，为顾客提供增值服务，这才是有效促销的不二法门。

针对消费者的促销主要包括两个方面：一是联合药店共同开展面向消费者的健康咨询（义诊）、健康服务、社区教育等服务促销；二是直接针对消费者开展免费试用、派发样品、礼品赠品、折价折让、空瓶换购等短期促销。

针对消费者服务的促销手段主要有：坐堂医生服务，义诊咨询；销售奖励，送礼送物；走进社区，宣传安全用药知识，开展健康服务活动；会员营销，尊贵体验，公益活动；等等。

针对消费者的促销必须遵守诚实守信、持之以恒的原则，不可急于求成。2008年，健康服务将是药店之间竞争的重头戏。目前，已有许多厂家和商家或联合行业协会、社区卫生服务中心，或聘请名、老医生成立专业讲解队，进社区，开课堂，为消费者免费提供健康服务。通过门店促销及走进社区等形式发展顾客，建立顾客档案，为会员提供增值服务。进一步细分、聚焦目标顾客，提供个性化服务，将是药店促销高效的良方妙策。一些有眼光的工厂企业也开始和药店广泛合作，共同开展系列的会员营销活动。

陈列是很好的促销

俗话说：一节淡三墟。促销产生短期销量的增长，是否会导致促销过后销量下降？这是每一家企业都必须面对的现实，教育、影响消费者是厂家时刻都不可忽视的工作。因此，为产品寻找好的陈列位置，为店堂打造好的售卖氛围，就如厂家在药店聘请了一个24小时上班的义务促销员。

陈列促销的主要手段有：店堂陈列，如争取好的陈列位置、扩大陈列面、增加陈列数量、为药店做店面包装等；药品陈列，如充分利用货架、堆头、端架、花车等陈列资源，这些，既是和药店建立利益共同体的有效载体，又是增加销售量的契机；POP形式，主要包括海报、吊旗、易拉宝、X展架、DM、小册子、横幅、礼品袋等，通过营造药店售卖气氛，达到陈列促销的目的。

（作者：柯华松，原载于《医药经济报》，2008年2月20日，原题为“联手上游，药房促销有理”）

借道“公益”做促销

2010年元旦刚过，河南省驻马店市的炎黄大药房就已经人流如织。细心的人发现，进店的顾客手里大都拿着一些空药瓶、空药盒；离开药店的时候，那些空瓶空盒就变成了祛痰止咳颗粒等广州花城制药厂生产的药品。原来，这里是广州花城制药推出的“空瓶空盒可换药”公益活动在新年的第一站。虽然天气寒冷，但市民参与的热情很高，才大半天功夫，回收的空瓶空盒就堆得像一座小山。

为环保，为安全

据悉，此活动的目标指向家庭小药箱，通过免费换药的方式，提醒消费者及时清理家庭过期药，以尽一个企业公民的社会责任。

广州花城制药营销中心总经理柯华松告诉记者，我国每年产生的药盒、药瓶在1 000亿个以上，其中使用后被当作垃圾随意丢弃的有数十亿个。废旧药盒，特别是药瓶的随意丢弃，不仅会造成土地、水质的污染，而且残留的药液和药渣，还可能释放出大量的毒素，对环境和人畜安全构成极大的威胁。

为响应与支持国家推行的“节能减排全民行动”，广州花城制药从2009年开始，推出了“可换药”公益活动，并陆续在各合作药店设立了环保回收箱，开展免费换药活动，回收的废旧药瓶药盒交由当地环保局回收处理，随瓶（盒）回收的过期药品将在药监部门的监督下集中统一销毁。“我们开展回收废旧药瓶药盒（任何厂家的都可以）活动的目的，一是普及环保知识，二是提醒消费者及时清理家庭小药箱，消除家庭用药安全隐患”，柯华松表示。

据记者了解，近一年来，广州花城制药投入2 000多万元，开展大型的“空瓶空盒可换药”活动近200场次，回收废旧药瓶药盒近10亿个，同时与全国各地近500家零售药店建立了长期的活动合作机制。

达共识，齐参与

自2005年广州白云山中药厂（白云山和黄中药的前身）率先开展“家庭过期药品回收”活动以来，家庭小药箱的安全性及过期药品等问题越来越受到社会的关注。据了解，白云山和黄中药已在国内外授权近1 000家药店，按《产品更换细节》免费更换、回收白云山和黄中药的过期产品。

事实上，致力于这些公益行动的医药企业远不止白云山和黄中药、花城制药两家。

2009年12月，以“合理用药，健康人生”为主题的上海市第七届“清理家庭小药箱”宣传周隆重举行，沪市各大连锁药店积极参与，3 800多家大小药店均配备了回收药箱。

2008年3月，深圳市食品药品监督管理局与广东一致连锁药店有限公司合作，探索了以药店作为过期药品回收主体的方法，在深圳市一致连锁药店的下属门店开展过期药品回收工作，共设立了27个过期药品回收点，相继建立了过期药品回收管理制度等相关配套文件。

2005年9月，广东金康大药房开展了“家庭药箱清理大行动”，并将每月28日定为该大药房的“换药日”，成为全国首家推出“家庭过期药品回收机制”的医药流通企业。

政府牵头，企业参与，消费者响应，家庭小药箱将在保护消费者健康方面发挥越来越重要的作用。

（作者：肖志飞，原载于《医药经济报》，2010年1月29日，原题为“工商合力呵护小药箱”）

白云山和黄终端“亮剑”策略赏析（一）

近日，有市场传闻称，广州白云山和记黄埔中药有限公司（以下简称白云山和黄）开始在全国实施大规模的价格维护活动，欲与所有客户药店达成终端零售价格同盟，稳定其四大品种——白云山板蓝根、复方丹参片、消炎利胆片、大神口炎清的市场终端价格。记者日前拨通了白云山和黄主管销售的副总经理柯华松的手机，传闻的真实性得以证实。据悉，此次行动被命名为“亮剑”，从中可看出白云山和黄对此次价格维护活动志在必得的雄心。

品牌药厂家对于其在药店的价格维护一直都没有放松过，然而此次白云山和黄的举动似乎并非普通的价格维护那么简单。据称，此次行动涉及面非常广，全国各大药品零售连锁企业及大型单体药店都被纳入了行动计划，而行动时间将持续到12月31日。广东金康药房连锁公司总经理郑浩涛对记者说：“这么大规模、深层次的价格维护行动，我还是第一次听说。”然而，众多药品零售企业对这样的行动是否买账呢？换言之，该“剑”能否顺利出鞘？又能否潇洒地入鞘呢？

亮剑——与药店达成“攻守同盟”

记者拨通柯华松手机的当天，他正在西安主持召开“亮剑行动”的相关会议，西北六省除新疆之外的主要药品零售连锁企业和大型单体药店的相关负责人均已到场，与会人数超过100人。

就在同一天，白云山和黄的几大负责人全部出动，分赴全国另四大城市（沈阳、郑州、南京、重庆）召开类似的会议。总经理李楚源更是亲赴沈阳坐镇。

传闻在得以证实的同时，也彰显了“亮剑行动”的声势之浩大。那么，白云山和黄缘何要亮此一剑？剑指何方呢？

柯华松以西安的“亮剑行动”为例：“我们要求西安的药店将白云山板蓝根的价格提高到7.5元，而市场终端价格原来在6.5～7.2元之间；将复方丹参片的价格提高到3.5元，而市场原先的价格在3.25～3.45元之间。”

仅仅是几角钱的差别，为何要如此兴师动众呢？柯华松无奈地告诉记者，药店拿品牌药祭旗做低价促销的手法已司空见惯，有的甚至按进货价销售，以此吸引人流，这部分的损失由销售其他高毛利的商品来弥补。“我们的四大品种，尤其是白云山板蓝根和复方丹参片拥有全国一半以上的市场份额，经常成为药店低价促销的对象。这样一来，终端价格非常混乱，长此以往，对这几大品种的发展非常不利。”

对于品牌药的这种遭遇，供应商以往通常采取断货、扫货等方法去“堵”，但收效并不明显。从柯华松的解释来看，白云山和黄似乎试图以一种“疏”的办法与药店达成“攻守同盟”。然而，正如广州保利祝福你大药房副总经理李建国听到这个消息后所说的，“如今的市场是终端的市场，并非产品的市场”，言外之意是，一切都还得听药店的！

那么，这种“疏”的办法有何吸引力呢？柯华松对记者说，他们将以“奖励”的形式对药店作出补偿。所谓“奖励”，即以药店每季度的销售量为基础，给出几个点作为“佣金”。业内人士一眼就看得出，这其实是增加了给药店的“返利”。那么，药店会对这个“返利”动心吗？

接招—— 选择抵抗还是选择合作

在西安“亮剑行动”的现场，西安老百姓大药房有关负责人首先发难：“如果复方丹参片的零售价由3.3元提高到3.5元，以原本每月销售8 000盒计，单品种销售利润看似上涨了1 600元；但是由于提价，销售量下跌到7 000盒，单品种销售利润反而下降了1 900元。那怎么办？”

这个问题是在西安的会议现场提出的，事实上，当时某些药店老总在接受记者采访时也颇有抵触情绪。广州保利祝福你大药房的副总经理李建国激动地对记者说：“这是行不通的。因为它违背了市场规律，为什么大家都不约而同地拿你的产品做低价促销？这本身就是市场规律的反映。”

记者反问李建国：“白云山板蓝根占据了60%的市场份额，如果你不做相关考虑，损失了这个品种怎么办？”李建国则回答：“我们药店有近6 000个品种，缺一个品种是很正常的。”由此可看出，部分药店宁愿牺牲品牌药，也不愿采取妥协的态度。

但这并不代表所有药店的态度。刚刚开业的广州老百姓大药房大东门店打出了“全店3 000个品规全面降价，降幅达到5～8个点”的口号，令人想不到的是，其营运总监肖克勇对“亮剑行动”的态度十分缓和，他表示：“普通品牌药我们一般不予理会，但如果是一个占据了60%的市场份额的产品，我们不会轻易放弃，会选择坐下来慢慢谈。”

除了这两种截然不同的接招态度外，还有人对“亮剑行动”的醉翁之意产生了猜想。广州万泽医药连锁公司总经理林桦桦就表示：“不排除白云山和黄借‘亮剑行动’提升其产品在终端市场和消费群体中的受关注度的考虑。”

入鞘—— 关键在于签约后的执行

没有完美的入鞘，亮剑再漂亮也会沦为败招。白云山和黄将如何入鞘？完美的入鞘首先需要高签约率。柯华松对记者说，12月20日，他们将在全国范围内统一开展“亮剑行动”，与所有3 000～5 000个目标客户进行谈判，以期全部结成同盟。

“事实上，要完成100%的签约率并不难”，柯华松透露说，上文提及的西安老百姓大药房最终也在会议现场与白云山和黄签下了一纸合约。“我担心的是签约后的执行！”

柯华松的担心并非空穴来风。同在广东的金康大药房连锁公司总经理郑浩涛坦承：“作为老朋友，帮你一次两次没有问题，但这种关系不可能长久。”虽然有利益上的冲突，不过郑浩涛仍然肯定了白云山和黄的做法。他认为：“价格维护最终保护的是消费者的利益。没有价格做保障，产品品质就无法保障。”

白云山和黄中药之所以对“亮剑行动”信心十足，也许正是基于这样的基础。据柯华松透露，他们为此次行动投入的资金将不少于300万元，而其收益在相当理想的状态下短期内也不可能高于300万元。柯华松说：“这样做其实是为市场的长远发展着想，为消费者的利益着想。” 白云山和黄中药有完美入鞘的愿望，其行动收效如何，我们仍将继续关注。

（作者：王军，原载于《医药经济报》，2005年12月21日）

白云山和黄终端“亮剑”策略赏析（二）

白云山和黄的“亮剑行动”与全国3 500家药店签了约，有了一个好的开始，但是，行动能否成功杀青，决定于执行力度。正如早前白云山和黄副总经理柯华松所言：“我对签约数量有信心，最担心的是之后的执行。”基于同样的考虑，不少与白云山和黄签约的企业都附加了一项条款：如果有人率先降价，药店将保留跟进价格的权力。那么，“亮剑行动”究竟能否顺利进行，药店是否会如合同所签的那样“保证不首先降价”？记者跟随白云山和黄OTC部的黄经理对市场做了一番调查，获悉的情况喜忧参半。

大部分已调价

在广州，老百姓和大参林大药房在调价方面是出了名的难“搞”，因为这两家药店都以“平价”起家，要他们放弃价格优势实属不易。于是，黄经理提出首先去大参林销售最好的一家店——龙津东路店看看。

当我们来到这家店时，其人气之旺让人吃了一惊。我们在人群中穿梭，好不容易来到OTC心脑血管药架前，看见白云山复方丹参片（60s）的标价为3.5元，随后又找到了白云山板蓝根（10g×20），见其标价为7.5元。黄经理颇为欣慰地走出药店，对记者说："这家店月销售额在1 000万元以上，被行内称作'提款机'，白云山和黄几个品种在该店的日销售额都超过了1万元。这家店以前一直拿我们的复方丹参片和板蓝根做促销，而现在看来，他们终于调整了价格。"依照协议规定的"复方丹参片（60s）的价格不低于3.5元/瓶，板蓝根（10g×20）的价格不低于7.5元/包"来看，大参林信守了承诺。由此可见，"亮剑行动"还是取得了一定的成效。

为了进一步验证行动的成效，我们又来到华贵路上的金康药店。在这家店里，我们发现其复方丹参片（60s）的标价为3.5元，可板蓝根（10g×20）却只有7.3元。黄经理有些沮丧地离开了药店。记者随即拨通了广东金康大药房总经理郑浩涛的电话，他告诉记者，对此事并不知情，同时表示一定会提升价格。

黄经理告诉记者："目前广州的大部分药店都已把价格调了上来，但由于时间所限，仍有部分药店未来得及作相应变动。其实，让所有药店在半个月内将价格全部上调，不太现实，我们现在进入了磨合期，相信过一段时间在市场上会出现一个比较稳定的价格局面。"

那么，作为一名市场监督员，遇到这种情况应该作何处理呢？公司得知这种情况后会采取强硬手段吗？黄经理说："我们只能作一个情况反馈，具体的处理将由公司高层和药店进行协商。一般来说，我们会给药店一定的调整时间，不会采取强硬手段砍掉协议里承诺的3%的奖励。"

离成功尚早

至此，记者已经基本了解了"亮剑行动"的进展，本打算顺道去人民北路的老百姓大药房看看执行情况后就撤退，却没想到价格策略在这里出了"意外"：复方丹参片（60s）的标价仅为3.2元，板蓝根（10g×20）的标价更是低至6.8元！

记者问黄经理："对于这种现象，公司有什么办法吗？"黄经理没有回答。很明显，白云山和黄中药所担心的事情终于还是发生了——执行力度不够。

有业内人士分析认为，"亮剑行动"的协议有两个盲点：第一，在什么情况下才能最终确定药店违规？对于药店一般的降价行为，白云山和黄中药是不敢轻易动真格的，其采取的手段只能是不断地协商，如此一来，协议对药店的约束力显然不够；第二，3%的奖励是否足以令药店动心是个疑问，一旦市场竞争迫使药店放弃这3%的奖励进行降价时，其他药店也会随之而动，"亮剑行动"就要面临"流产"的危险。

老百姓大药房出于什么原因未作调价呢？记者从可靠渠道获悉，由于5周年店庆，大参林打算在1月19—21日进行大规模的促销，而白云山和黄中药的复方丹参片和板蓝根便在促销产品之列。知情人士透露，这很可能就是老百姓大药房未遵守协议的直接原因。据说，大参林在做店庆促销时，其宣传单曾经派发到署前路的老百姓大药房门口，因此，老百姓大药房仍保持了原有的低价不变。黄经理告诉记者："我们曾经到署前路的老百姓大药房去协商过，希望他们调整价格，但他们却表示，只有大参林东华西路店（东华西路离署前路很近）先调整价格，他们才会作出调整。"

由此看来，"亮剑行动"虽然进展明显，但困难也不小。药店之间相互拿同行的低价作为"不为"的理由，令白云山和黄中药不得不多处出击、四面维护。究竟白云山和黄中药的双手能否敌得过零售终端的四拳，我们继续期待。

（作者：王军，原载于《医药经济报》，2006年1月18日）

白云山和黄终端"亮剑"策略赏析（三）

困局出现

"大参林促销事件"算得上是白云山和黄"亮剑"出鞘以来碰上的第一场硬仗，持"剑"在手的广州白云山和记黄埔中药有限公司面对微妙的局面，恩威并施，四下斡旋，总算顺利地消解了矛盾，做到了和平共处。从中，我们不难看到"亮剑行动"威力无比与招数走弱的两个方面。

首先，协议所签"3个点的年终返利"以及口头承诺的各种服务支持的确对药店极具诱惑，可说是击中了药店的软肋；其次，由于协议大多附加了"如发现有人违反协议，5个工作日内必须妥善处理"的条款，等于给了药店5天促销期限，所以，当广州大参林借店庆做"3天促销"时，白云山和黄中药不能视之为违约。

对于白云山和黄中药来讲，一个棘手的问题是，如果全国的3 500家签约药店都不同时间地借"店庆"、"会员日"等名目做为期不超过5天的价格促销，那么，价格维护的意义何在？届时，"亮剑行动"如何控制全局？白云山和黄中药广州片区主任何雪红说："我们正在研究这个问题。"而主管销售的副总经理柯华松则向记者透露："有一点可以肯定，我们绝不允许这种情况无休止地发生下去。由于签协议时比较匆忙，以致存在这个漏洞，但我们不希望'亮剑行动'的模式被变相改变。"

然而，有药店老总向记者坦言："碰上店庆、会员日和心脑血管疾病方面的纪念日，药店不可能不搞促销，这一点企业很难阻止。"对此，白云山和黄中药有何高招呢？

"劝降"为主

白云山和黄中药显然已洞悉了药店的心思，柯华松说："现在我们的主要工作就是与药店老板沟通，希望他们从供应链管理的层面给予我们支持。”目前他们不可能采取更有震慑力的行动，只能以“劝降”为主。

事实上，回顾前不久发生的“大参林促销事件”，白云山和黄中药正是以威逼利诱的“劝降”招数成功地让大参林在促销的第三天把价格提了上来。接下来，他们可能还会走这条路线。对此，一药店老总分析说：“在‘终端为王’的局面下，企业不可能来硬的，只能以利诱达成目的，说‘劝降’也可以。其实，这并不是什么新招数，当初签协议时，他们用的也正是这一招。”从结果看，“劝降”取得了比较满意的效果，但是，何雪红也吐露了其背后的辛苦：“在疏通过程中，有的药店老总不会管得太细，因此我们还要找到发宣传单张的部门，有的是质管部，有的是其他部门，大大增加了沟通成本。”

全国形势

相比广州，其他城市的签约药店的态度要配合得多。

曾经有山东潍坊的某个体药店老板给记者打来数次电话，要求帮其联络白云山和黄中药，让其加入“亮剑行动”的行列。他告诉记者：“在我们这里，白云山板蓝根和复方丹参片的价格比较稳定，我们支持这种价格维护行为。”这一个别事件很巧合地印证了“亮剑行动”在其他城市获得的支持。

对于这一蹊跷的现象，广州的一位药店界人士分析认为：“可能是因为白云山和黄中药的牌子在‘家门口’比在外地响亮得多，以致外地消费者对这两种产品的敏感度远不如本土消费者。”

白云山和黄中药同样对此始料未及：外地的许多药店，特别是单体药店，纷纷要求加入“亮剑行动”，如果接受他们的请求，“亮剑行动”的成本将大幅上升；如果明确拒绝的话，又恐他们从中“捣乱”。虽然遭遇尴尬，但由此可见，“亮剑行动”还是在全国药品零售企业中引起了一定的共鸣。总的看来，“亮剑行动”从开始到现在，一路上颇不平坦。柯华松说：“长期的办法我们还在想。”

（作者：王军，原载于《医药经济报》，2006年2月15日）

工商合作：利益是基础，服务促感情

工商合作是药交会上永恒的主题，在新医改环境下双方如何加强合作，减少摩擦，寻找共同的利益增长点？且听业内代表的意见。

“厂商合作就像两个人谈恋爱，目标是美好的，而过程则充满摩擦和艰辛。

要想最大限度减少这些摩擦，双方应以利益为基础，以服务提升感情，才会更加和谐，更加长久。”

受新医改影响，药店的生存压力有所增加，不少药店纷纷把目光投向了保健品、药妆以及医疗器械。但是，在广州花城制药营销中心总经理柯华松看来，这三大品类，除了保健品市场略为成熟外，药妆及医械的经营压力都较大。“目前，因消费者的消费习惯尚未形成，成功经营药妆的案例还不多见；医械只是作为药店的一个提高客单价的品类补充，占的销售额并不大。”

对于即将拉开帷幕的厦门药交会，不少企业依然踊跃参加。“大家主要是带着展示形象、传播品牌的目的前往的，希望在药交会上结交新客户、会见老朋友，工商合作是一个永恒的主题。”柯华松如是说。他认为，工商合作的本质是利益相关者对利益的合理分配，两者是取舍、博弈的关系。“总体来说，近年来，上游企业和药店终端的合作日趋和谐，当然，也难免出现一些摩擦。工商合作就像两个人谈恋爱，目标是美好的，而过程则充满摩擦和艰辛。要想最大限度减少这些摩擦，双方应以利益为基础，以服务提升感情，缺少任何一个方面，双方的合作都不会和谐，更不会长久。”

终端要利润，企业要销量，这个矛盾在任何行业都会存在。“以利益为基础，关键在于对不同的产品品种，企业应有针对性地给予终端不同的利润，满足药店的基本要求。”比如，对于品牌厂家生产的品牌药来说，药店需要20%的利润空间；对于一些中小厂家生产的产品，药店可能就要求30%的利润；而对于需要首推、主推的产品，药店就需要至少60%的利润。在满足药店基本利润要求的基础上，药企再加以广告投放和终端人员服务，相信药店也会帮助合作企业的产品上量。只有这样，双方的合作才会越来越和谐。

“当然，除合理分配好利益外，双方还应以优质的服务作为加深感情的有力工具。”柯华松强调，对于药企来说，服务包括给药店店员提供拓展活动、开展培训、举办联谊会、与药店店员一起走进社区等。如广州花城制药曾举办的“健康志愿者服务”，邀请了医药学院的大学生志愿者与药店店员不定期深入全国各个城市的社区，为新老顾客提供各项免费服务；再如，花城制药在各合作药店设立了环保回收箱，开展免费换过期药的活动，在为药店树立形象的同时，还带来了客流，实现了企业、药店和消费者三赢的局面。

（作者：盘美爱，原载于《21世纪药店》报，2010年4月16日）

品牌药的终端危机

从上周起，由SFDA南方医药经济研究所与西安杨森制药有限公司联合主办的“华山论剑”第一届中国连锁药店高峰论坛正式启动，此次高峰论坛将分五个分会场进行，分别为广州、重庆、武汉、北京、杭州。在第一站广州和第二站重庆的分会场，我们都感受到了药店掌舵人对于时下零售业界热点问题表现出来的深度关注和思考。

2005年，面对终端拦截导致的危机，品牌药厂家开始作出种种努力与尝试。一年过去了，记者通过调查发现，品牌药在零售终端的尴尬处境发生了微妙的变化。

“华山论剑”第一站：广州

热点：品牌药的终端危机

关于品牌药终端危机的话题不可避免地再一次受到关注。

2月22日，由SFDA南方医药经济研究所与西安杨森制药有限公司联合主办的“华山论剑”第一届中国连锁药店高峰论坛在广州拉开帷幕。论坛上，来自南方医药经济研究所的两位专家和药店老总们共同探讨了药店的营利模式，其中最热门的话题仍然是品牌药厂家应如何与药店合作实现双赢。品牌药的终端危机因平价药店的出现而产生，“解铃还须系铃人”，解决问题的关键当然还是要落到平价药店身上。

“祭旗”目标转向非品牌药

去年年中，开心人大药房董事长梁永强和康恩贝品牌药营销事业部总经理徐伟的手紧紧地握在了一起——他们代表各自的企业，在前列康VIP零售终端战略协议书上郑重地签上自己的名字。这份协议书明确规定康恩贝对开心人在促销、消费者教育等方面给予支持，而开心人则相应给予康恩贝维护价格、优先陈列等回报。

从拿品牌药开刀降价促销到与品牌药厂家进行充分的合作，开心人的态度为何会出现这么大的转变呢？在去年其召开的一次内部会议上，梁永强对下属说：“没有品牌供应商与品牌零售商的合作，做大只是一句空话。”据徐伟介绍，两家合作的预期目标已经达到，目前康恩贝还在陆续与一些百强药店商讨合作事宜。开心人的一位店长对记者说，如今药店在促销时，更多的是拿一些非品牌产品“祭旗”，如1元钱的药品只售1角钱。

记者向广东金康大药房总经理郑浩涛求证这种现象是否具有普遍性，得到的答案是肯定的。他以金康为例向记者解释说：以前药店追求开店数量，而现在注重企业品牌的建设，所以早在2004年年底，他们就已开始与品牌药厂家合作，目前国内大多数知名厂家都是他们的合作伙伴。

越来越多的平价药店意识到，拿品牌药降价促销损害的不只是供货商的利益，药店的利益同样会受到损害。诚如南方医药经济研究所标点医药信息有限公司常务副总经理张步泳在会上接受采访时所言："促销的确能带动药品的销售，但几个月后该品种的销量就有可能持续下滑。而且低价促销很容易让消费者产生该品种是次品或近效期药品的印象，不利于药店的品牌建设。"

"'蓝海'战略"初显成效

"目前与我们签约的药店已有4 000多家，从'亮剑行动'开展两个多月的效果来看，成绩基本令人满意，签约药店执行价格协议的比例已上升到85%。"近日，白云山和黄药业主管销售的副总经理柯华松在接受记者采访时兴奋地说："我最近刚抽查了武汉药店执行协议的情况，以前有的药店复方丹参片（60s）卖3.3元，板蓝根（10g×20）卖7.3元，甚至卖6.8元，但现在都已经按照协议把价格提上去了。"

毫无疑问，"亮剑行动"是迄今为止由品牌药厂家发起的一次规模最大、范围最广的价格维护行动，因而其所面临的难度也是前所未有的。

在广州药品零售市场，平价药店"老大哥"广东老百姓和"黑马"大参林是"亮剑行动"攻坚的两大目标，最终这两家药店都与白云山和黄中药签了约。

谈到签约的初衷，广东老百姓大药房营运总监肖克勇说："其实药店很乐意与厂家合作，共同维护价格的稳定。降价是市场竞争引起的，药店也是身不由己。"肖克勇的一番话，道出了药店拿品牌药降价促销的苦衷，由于销售品牌药利润微薄，要想让药店取消这种做法，厂家需要付出更多的诚意。所幸的是，厂家也意识到了这一点。广东老百姓大药房总经理江欣认为，从品牌药厂家近年来的一系列表现，如西安杨森的"华山论剑"、中美上海施贵宝的品类管理等活动可以看出，供货商一直在寻找一种理想的方式来迎合终端的需求。她表示，"老百姓"一直都很重视与品牌药厂家合作，今后也不会放弃这一合作。深圳市一致医药连锁有限公司总经理曲文浩则告诉记者，他们通常会在促销时与品牌药厂家共同协商出一个合理的价格。

双方仍会继续"博弈"

虽然品牌药厂家作出了种种努力并且取得了一定的成效，但现在就说危机已解除还为时过早。南方医药经济研究所时普医药信息有限公司总裁任光会指出，品牌药的终端危机在短期内很难改善，这是因为现在药品基本走的是大物流的路子，经大经销商再转到药店，因此品牌药厂家无法从产品上体现给终端的高利润，只能直接返点，但这种直接返点与非品牌的高毛利还有一定的差距，品牌药普遍只有20%的毛利率，而非品牌药的毛利率可达到200%。

如何解决品牌药的终端危机，张步泳提出了两个解决办法：第一是品牌药厂家帮助店员提高对常见病、多发病的鉴别能力和推荐能力。品牌药厂家的优势是对自己产品所对应的患者群体十分清楚，能极具针对性地提供用药指导。第二是品牌药厂家帮助药店组织针对某种疾病的会员俱乐部活动，厂家可以利用自己在这方面的经验和资金，给药店活动提供帮助，通过此类活动，增加消费者对品牌药的忠诚度。

郑浩涛的结论与任、张二人的一致，他分析说：“品牌药可以带来名气，但是没有利润；非品牌药有高利润，但是会给药店的品牌形象带来损害，这就需要在两者之间寻找一个平衡点。目前双方的合作是一个博弈的过程，终端还在不断地提条件。”曲文浩和江欣都向记者明确表示，虽然企业也知道经营高毛利产品是短期行为，但在短期内如何活下去，是目前处于困境中的零售企业不得不面对的现实问题。品牌药厂家应该考虑调整原有的营销模式，加大对终端的投入。

西安杨森全国零售经理郑季春向记者表示，品牌药的终端危机是市场竞争不完善的一个寄生品，随着消费者消费理念的不断成熟和行业的长足发展，危机将会消失无踪。目前品牌药厂家所能做的就是充分了解消费者需求、强化内功，用最大的资源服务于消费者并拉动需求，从而成为药店终端真正意义上的战略合作伙伴。另外，品牌药厂家应更加深入地与终端分享成功的营销模式和销售经验，比如品类管理等理念。

（作者：陈爱军、李蕴明，原载于《医药经济报》，2006年3月1日，原题为“品牌药终端危机：市场竞争不完善的寄生品”）

“A380”营销计划解码

政府一直在努力推动医药行业做大做强，自2008年起，相继出台了很多政策推动企业兼并重组，医药行业运行越来越体现出以下特点：第一，销售集中化。2009年中国医药商业第100强销售额达9亿元，商业只有做大做强，争取厂家给予更多的奖励（返利、佣金）才能提高效益，才能得到厂家的支持，在医院（社区、基药）招标采购受到厂家青睐，商业更多的是“被选择”、“被配送”。第二，利润二元化。返利成为商业重要的收入来源，除了靠代理产品获取超额平均利润外，销售差价越来越难。第三，市场结构多样化。第一终端医院市场虽仍占着70%以上的主导份额，而第二终端药店OTC市场良性发展，第三终端农村市场和第四终端城市社区发展依然迅猛。

为了适应市场的变化，先人一步，获得先机，笔者在企业营销变革中，因时制宜，实施“A380”营销计划，实施“四轮驱动”策略，即品牌驱动、渠道驱动、利益驱动、顾客驱动，提升供应链价值，创建十亿元客户俱乐部，构建利益共同体，成为当时业界佳话。

“A380”营销计划的核心是聚焦资源，扶强做大，共同构建供应链价值的利益共同体，和客户是一条绳上的蚂蚱，实现厂商和谐、发展共赢。

计划内容

“A380”产品计划：产品是营销的起点。每个省区、每个客户都应发展培育自己的“A380”产品，成为所辖市场的拳头产品，才能形成品牌驱动。

“A380”客户计划：归拢渠道，重点与大商业合作，加强分销服务。每省区都要拥有“A380”商业客户、“A380”连锁客户、“A380”终端。

“A380”地区计划：不仅精耕省会市场，也要开发地区市场，要求每省区都要培育所属区域的“A380”地区市场，“A380”县市年销售额应占全省任务的20%。

“A380”传播计划：聚焦核心产品、聚焦核心资源，投入重点省区，实施顾客渠道。

具体措施

1. 创建十亿元客户俱乐部

精髓：聚焦目标顾客，提供增值服务。

顾客就是终端，顾客是企业的资产，销售就是要使企业的资产保值增值，发掘顾客的终身价值。销售增长的三部曲是：开发顾客、维护顾客、提高顾客的使用度。因此，会员营销（分众营销）讲究的是精确定位。

品类管理：基于从以生产商为主过渡到以顾客为主的零售大背景，以及来源于有价值顾客反应理念的实际操作，通过分析顾客消费的商品、消费频次、消费时机等，满足顾客的需求，加快和顾客的互动，以完善商品结构和营利模式。

客类管理：在品类管理的基础上对顾客的需求进行细分，综合分析后实现对商品品类的优化管理，为细分顾客提供超值服务，并建立顾客满意度体系等反馈系统，会员管理是客类管理的一种主要手段。

表5 十亿元客户俱乐部管理模式

会员管理	管理内容
会员政策	开展会员公益性集体活动； 建立信息群发中心，向会员发送节假日祝福问候及传送企业信息； 俱乐部会员将有机会免费获得培训、旅游等增值服务； 不定期征求会员对企业发展的宝贵意见及创新建议，并奖励优秀者； 设计印刷会员卡，凭卡参与俱乐部相关活动
会员开发	“A380”客户高级顾问； 重点终端联盟成员； 顾客代言人； 泛会员成员
会员分析	在会员数据库中建立分析体系
会员行销	买赠折扣、空瓶换购、代金券、健康教育、健康管理、旅游体检、分众传播、增值服务

“A380”客户高级顾问：一是“A380”客户，每省从一级经销商中选择业务量最大、区域影响最深、营销资源最丰富、人脉资源最有效的一个一级经销商，聘其董事长（总经理）为企业高级营销顾问。二是副“A380”客户，每省从一、二、三级客户中选择业务量较大、终端网络最夯实、营销资源丰富、人脉资源有效的客户作为副“A380”客户，聘其董事长（总经理）为企业高级市场顾问。

重点终端联盟会员：将百强连锁药店开发的会员纳入企业十亿元客户俱乐部会员；通过分析泛会员（即连锁药店的会员成员）的年龄层次、购买频率、消费能力、首选比例等非常有针对性地进行促销活动；通过与社区卫生服务中心合作，将社区中心的患者档案归入十亿元客户俱乐部泛会员成员，抽取一定比例的目标会员进行健康管理，或监控万名心脑血管疾病患者的干预治疗，为顾客提供更多的让渡价值。

顾客代言人：顾客代言人就是寻找消费者的意见领袖。通过寻找意见领袖找到用户的“直销”模式拓展销售。所谓意见领袖是在不断的与消费者互动的活动中自然形成的有影响别人能力的消费者。意见领袖形成的法宝是贴心服务和利益回报。

2. 构建利益共同体

药品供应链包括供应商、制造商（股东、员工）、分销商、零售商、消费者、政府、媒体、公众。要构建利益共同体，不仅要顾及各链主的静态利益分配，还要兼顾各链主的动态利益分配，与客户一起规划区域市场运作策略，整合市场资源与投入，加强对消费者的教育与沟通，共同开展铺货、动销、持续动销、促销推广、终端包装、提高终端拉力，规划售后服务，指导培训经销商，向经销商输出文化、管理、信息、策略，建立沟通机制，日常业务流程高度对接（销售部、策划运营部、会议推广部、大客户部），营销资源市场信息高度共享。总之，盈利空间、终端促进、技术支持、沟通机制是利益共同体的四大核心内容。从根本上，厂家要承担管理各链主、优化结构、互补功能、协调冲突、提高效率等职责，把客户的关系，由业务交易型转变为服务型，从价格型转变为价值型，从顺着做通路到倒着做通路，从渠道拦截到顾客拦截。

与此同时，还必须建立一个稳定有序的价格体系、严格的冲窜货管理、全面亮剑的支持策略、供货及时的物流保障，这是构建利益共同体的四大支柱，从根本上，即帮助客户把产品卖出去，帮助客户赚钱，帮助客户成长。

利益共同体的核心是各个链节、各个价值环节利益的合理分配、共赢。

3. 千店千人，构建终端联盟

与“A380”的终端客户建立起深度沟通机制，定期拜访、定期沟通、经常联系，保证信息畅通。

定期与大客户相关职能部门、不同层级召开小型座谈会，共同研究市场，共同设计促销方案。安排公司高管拜访大客户。充分关注大客户的一切公关及促销活动，全力支持或协助参与。

其中，最吸引终端客户的是一年一度的联盟大会，联盟成员是当地的百强连锁和销售较好的单体药店，召开集培训、旅游、联谊、讲座于一体的大型活动，成为厂家和终端合作的经典平台。

（作者：柯华松，选自2006年白云山和黄营销方案）

联盟组织对第三终端市场的作用和影响

新医改和新农合的深入实施改变的不仅仅是第三终端的市场格局，同时也改变着原有的药品营销模式和市场通路。

近日记者获悉，在各种工商联盟于全国兴起的时候，为了应对市场格局和行业经济政策环境的变化，广东首个专门针对第三终端市场的“第三终端大联盟”也悄然成立。联盟希望通过密切上下游的合作，整合资源，拓宽终端渠道，提升终端客户占有率，扩大品种销量，实现共赢。

事实上，类似的联盟组织今年以来在各省份时有诞生，其目的就是凝聚终端资源、打通产品市场通路，争夺第三终端市场话语权。在基本药物制度深入推进的同时，各大药企热切希望渗透第三终端。类似该联盟的组织的兴起对这一市场的药品通路建设极具探索意义。

二级分销难见成效

事实上，“第三终端大联盟”的诞生，一方面是因为目前国内药厂自身的销量和营销模式难以突破，另一方面则是由于新医改政策对第三终端市场的冲击。

从2007年开始，修正、哈药等品牌OTC药企开始在市场上投入巨额人力、物力，依托经销商大量铺货，同时建立自己的终端销售队伍，维持终端市场的开发和维护，一推一拉的二级分销模式取得了良好的效果，开创了OTC市场营销新模式。

一时间，原本很多依托当地一级、二级经销商进行推广和销售的厂商开始意识到，只有占领了终端，产品才能最终稳占市场，市场份额才可能稳步上升。于是一批实力较强的厂家纷纷效仿和开拓二级分销模式，组建终端队伍，一个省区少则十来人，多则几十人，比如中美史克、华北制药、滇虹药业、以岭药业等。

然而记者了解到，到目前为止，除了部分产品品牌影响力较好、推动力度较大的企业外，大多数推行二级分销模式的厂家并未取得预期的效果。

因为尽管厂家在一个省内就投入几十人，但是相对于第三终端市场的覆盖范围，其全面覆盖和渗透能力明显不足，无法进行针对性的精细耕作，而再追加投入又明显超出合理承受范围。

“其实这些问题的根源与厂家在终端业务管理上没能与时俱进有关。”

广东第三终端大联盟理事长、广东良方药业总裁柯华松告诉记者，目前各大厂商仍推行的旧销售模式，支付的工资不高，终端业务人员兼职、虚挂情况普遍存在；考核的流向不真实，最终多家厂商在终端市场的“小代理商”逐渐演变为营销自然人，由此也导致厂家在投入大量费用后，仍难以获得稳定、高占比的市场份额。

“这跟终端市场目前的格局分不开，随着新医改、新农合的逐步推行，零售终端对非品牌高毛利产品的需求在不断加强，因此，业务员仅做品牌药品难以满足自身经济需求，两者对非品牌高毛利产品的相同诉求，直接导致了非品牌产品的终端拦截能力加强，品牌产品通路根本难以到达第三终端市场。”有负责第三终端市场开拓的外企人士如是表示。

树大好乘凉

然而，基本药物制度的深入实施和国家加强对流通行业的整顿的形势，使得原来在第三终端如鱼得水的营销自然人的生存空间逐渐缩小，而原有的药品营销模式也同样受到了强烈冲击。

但是对于上游厂商而言，这些营销自然人经过前几年与终端市场的密切合作后，其对终端市场资源的掌握能力已经非常强，因此，如何在国家法律政策的导向下，更好地利用这些人的资源来开拓市场是所有厂家目前正在思考的事情。

“我们成立这个联盟的意愿就是充分发挥商业的整合功能，整合这部分人的终端资源，一方面让其经营规范化；另一方面亦为上游厂商提供直接对接终端的平台，而不是费力不讨好地自建网络。”柯华松如是告诉记者。

记者也了解到，目前在江西、河北等地已经出现了类似的整合市场营销自然人的公司和组织，这些企业看中的同样是这些自然人在终端的活动能力和掌控能力。

上述外企人士分析认为，联盟的成立可以帮助会员解决有客户没产品的尴尬局面，同时通过联盟的资源整合能力，可以向上游厂家争取到更好的药品价格，以及在区域保护和市场价格维护等方面的优惠政策；而上游厂商也可以通过此平台的搭桥，拓宽终端渠道，提高终端客户占有率，增大品种销量，同时也可降低产品的营销费用和人员的管理难度等。

据悉，该第三终端大联盟的会员对象主要是对现有产品销售模式熟悉、在当地拥有较好的各方资源，同时与大连锁或单体药房关系较密切的人员。据柯华松估算，广东全省120个县，每个县约有10个类似的营销自然人，按照广东近400亿的药品销售总额，该部分人形成的市场份额在10亿元以上。

（作者：杨俊坚，原载于《医药经济报》，2010年9月22日，原题为“第三终端再生变”）

平价药店催生工商合作新模式

记者从广州时普医药信息有限公司获悉：在将由SFDA南方医药经济研究所主办、广州时普医药信息有限公司承办的“工商战略结盟共建医药市场新秩序研讨会”上，将推出一个重头节目——“如何共同致力于建立医药市场新秩序”电视论坛。据广州时普医药信息有限公司总裁任光会先生介绍，这个重头节目是酝酿已久的。

为什么要让与会嘉宾探讨建立医药市场新秩序的话题？任光会说：“都是‘平价’惹的‘祸’。”据了解，平价药店（大卖场）自2002年在国内药品零售市场“横空出世”以来，从最初的不为人关注，到遭到供货商的强烈抵制、饱受同行质疑，直至平价药店的遍地开花，迫使供货商变憎恨、被动忍受为主动处理与平价药店的关系，短短一年多的时间内，平价冲击波的影响已不只局限在药品零售终端，而是波及并极大地撼动了整条医药产业链的每一个环节。

平价冲击波

平价药店最早出现在湖南，但是当时业内对首家平价药店——老百姓大药房还不甚留意，直至2002年8月28日，江西南昌开心人大药房扯起平价大旗，打出“药品价格平均比国家核定零售价低45%”的条幅后，业内人士才不得不对“平价”刮目相看。随后，开心人承受了一连串的压力：供货商迫于其他零售商的压力不得不停止向其供货甚至撤下已上架的药品、同行质疑甚至举报其价格有造假之疑从而引来工商和物价等主管部门的轮番检查、开心人掌门人梁永强等人甚至接到恐吓电话……尽管遇到种种打击，由于开心人是合法经营的，他们坚定地挺过来了。随后，北京的平价药店德威治也冒了出来，还有四川成都的平价药店杏林医药也引起了人们的关注。当时，业内不少人认为“平价”是自杀行为不会长久，更有人预言平价药店活不过3～6个月。

2003年2月28日，广州时普医药信息有限公司在广州举办了“中国连锁药店管理高峰论坛”，开心人、德威治、杏林医药等平价药店的老总在会上齐齐亮相，立即成为与会嘉宾关注的目标，相比之下，一些知名连锁药店的老总反而受到“冷落”。当时，论坛由南方电视台转播，不少传统药店、供货商的负责人无惧镜头的直视，向平价药店的老总们发出声声质疑：降价45%是不可能的！这是一种炒作的噱头！

“平价”拿什么来保证药品和服务的质量

当时，传统药店与平价药店针锋相对，在场的南方电视台节目主持人笑称：“火力都集中在‘平价’上了！”

面对质疑，德威治老总张玉宽冷静、无懈可击的回应博得了满堂彩：“平价”是在合适的时间合适的地点做的合适的事情；“平价”挤掉的是流通领域虚高的药价，保留下来的正常毛利足以维持企业的正常运作；德威治的毛利在12.9%～25%……开心人的老总梁永强则笑称：“我们开业整整6个月了，不仅没有死，而且活得很好！”至此，“平价药店活不过3～6个月”的预言不攻自破。

会后，记者留意到，尽管在台上针锋相对，台下，传统药店与平价药店的老总们频频握手、畅谈甚欢。但在当时，业内普遍仍不看好平价药店的前景。谁料过了不久，平价药店却如雨后春笋般地冒了出来：5月，有着开心人背景的“健康人”在河南郑州亮相，在中原掀起了轩然大波；6月，开心人开始进军被业内称为最后一块价格坚冰的上海市场，并最终成功扎根；7月份以后，平价药店在杭州点起了战火并蔓延到了医院，当地不少老牌传统药店也不得不加入平价的行列……短短一年过去，平价药店已开遍全国。

业内现在探讨的不再是平价药店的前景，而是关心平价带来的意义。

波及者的心路历程

对于平价药店的出现，被波及的同行以及生产厂家、供货商当初是恨之入骨。一方面迫于其他零售商的威胁，另一方面是不甘自家的利润受到挤压，供货商与厂家纷纷联合起来反击，对平价药店采取断货、撤架等“断粮”措施。可是，平价药店并不惧怕压力，本地厂商不肯供货，他们就从外地组织货源；大厂商不愿供货，他们就向小厂商采购。

去年，供货商与平价药店的“对峙”，几乎在每一地的平价药店开业时都在上演。然而，由于老百姓对虚高药价早已是恨之入骨，平价药店的出现让老百姓看到了希望继而大力追捧。可以说，“平价”是民心所向，降低虚高药价也是政府一直在努力的，因此平价药店的生存不缺“土壤”和“阳光”。据SFDA南方医药经济研究所统计，2003年，医药商业纯销增长只有15%左右，远低于医药工厂约20%的增长率，厂商面临产大于销的压力。因此，厂商停止向平价药店供货无疑也是不明智的。另据广州时普医药信息有限公司总裁任光会介绍，平价药店虽然才发展了一年多，但在各地的份额已占到当地药品零售市场的15%～20%。因此，厂商不敢漠视平价药店的存在，甚至也承认这是一个不可忽视的销售渠道，如今对其的态度已从“恨之入骨”转变为“又恨又爱”。2003年12月23日，广东最大的“平价”企业“金康”，已与14家供货商签订了“最优惠价格合作”协议。而据悉，江苏常州万仁大药房也与一度断绝往来的供货商再续前缘，已有130家当地厂商与其重签购销合同。至此，人们发现，供货商与平价药店已经化敌为友。而对于同行——传统药店，在新生牛犊平价药房的冲击下，有的不得不跟进降价，有的在观望了一段时间后也放下了“架子”，有的甚至加入了“平价”行列。

为了应对平价冲击波，2003年中国药品零售市场的新鲜事物可谓层出不穷。上海有个由单体药店组成的绿色联盟，广州也有个类似的“采购联盟”，目的只有一个，希望能从供货商处拿到最低价的药品，以减轻自身利润日益减少的压力。可惜的是，由于联盟成员各自的侧重点不同，很难达成共识。还有医院，虽然在医药分业不彻底的今天其仍然占据着药品销售终端的垄断地位和绝大部分市场份额，但压力也不轻，有来自老百姓的，也有来自政府以及医保部门的，他们必须思考自己的未来，寻找共赢新模式。由于“平价”打乱了旧有的供应模式，业内人士不得不思考：未来的医药市场新秩序将怎样建立？平价药店与供货商的关系是对立的还是共赢的？

业内对此有两种观点。广东明林药业副经理陈振华表示：双方不是对立的，因为有着共同的目标——销售增长。而广州白云山中药厂销售部部长柯华松认为双方是博弈关系，因为厂家希望产品有个稳定的价格，但平价药店希望拿到更低的价格。

平价药店的发展将改变厂商和终端的互动模式。平价药店的单品销售规模以及跨区域的成功扩张对厂商的销售收入和利润贡献举足轻重，使得厂商投入更多的资源竞争药店的货架空间和店员推荐资源，从而催生“大客户管理”以及“品类管理”等新的销售模式的产生。时普公司总裁任光会先生将在月底的研讨会上对这些新的模式进行分析和预测。

业内人士指出，平价药店目前已成为行业整合的新动力，如今又有九州通等经营体正在革命性地改变药品批发的业务模式，这些新生因素都要求医药行业重新考虑、调整、建立和管理药品生产企业、批发企业与药店以及医院的关系。据悉，于本月底在广州召开的“工商战略结盟共建医药市场新秩序研讨会”便将提供一个平台，让业内人士对以上问题进行进一步的探讨。

（作者：刘虹，原载于《医药经济报》，2004年3月8日）

品类策略篇

P I N L E I　C E L U E　P I A N

品类必须规划，品牌需要积累

销售增长的困惑和突围

核心提示：每年的第四季度是药企确定下一年营销任务、制订营销方案的时期，面对老板要求的高增长、市场的慢周期、对手的领先优势、自身的资源不足，如何未雨绸缪、突破销售增长的困惑、激活市场，是营销老总面前一道不可逾越的鸿沟。无论营销理论如何改变、创新，最基本的4P理论仍是指导营销工作的圭臬。

定位挑起品牌大梁

企业必须找出一个或一组能体现企业品牌，能让消费者联想，能在某一细分领域牢牢占领消费者心智的产品，这才是成功的产品定位，如治头痛，消费者常常会想到“必理通”；中药治头痛，消费者会想到三九“正天丸”。

目前，药企基本上处于两种状态，第一种是没有好产品、大产品和成功产品定位，满天星星，独缺月亮；第二种是只有一两个成功产品，没有好的、大的后续产品，明月有了，但月朗星稀，这对销售增长也是不利的。

第一类药企在选择产品定位时，必须考虑能否支持企业的品牌形象，能否在消费者心智中占有一席之地。某药企产品以感冒灵颗粒、咳特灵胶囊等传统中成药为主，没有一个销售额超过2 000万元的品种，由于有价格优势，感冒灵颗粒有1 000多万元的销售额，老板想把这个产品做成企业的品牌产品。笔者不以为然，因为无论是在品牌、销量还是质量等方面，三九感冒灵颗粒已是消费者的首选，挑战者难以改变消费者心智，抢夺更多的市场份额，只能作为企业短期销量保障，无法担起企业品牌品种的大梁。改变消费者已有的认知很难，企业应该引导消费者的新认知。

第二类药企在产品定位上更加困难，因为前面有亿元产品的光环，新选产品与前者雷同，就凸显不出差异，消费者可能还是认同老产品；新选产品和前者冲突，又怕消费者接受不了。“怕上火，喝王老吉”，消费者被深深教育了，怕上火，就会选择王老吉，但如果发现货架上的王老吉有绿豆沙、莲子羹、龟苓膏、润喉糖、减肥的绞股蓝饮料等，可能就会无所适从。品牌的科学延伸与多品牌战略是这类企业必须做的选择题。聚焦比分化更有效、更持久。

产品分类管理

产品定位更多的是由市场部考虑，是为产品起一个名字，定一个概念，讲一个故事。产品分类则是从销售部出发，对产品分门别类，寻找不同渠道，制定差异促销，进行细分考核。产品定位和产品分类相辅相成，共同配合，完成激活市场的任务。

工厂企业对销售人员的考核大多以回款为重要指标，如果不对产品进行分类管理，很容易导致销售人员只关注容易回款的主销品种，忽略企业要推广、培育的品种的销售。品种在不同区域的市场基础不一样，也会导致薄弱地区与公司总部战略不一致。有些药企在OTC和医院两个渠道以不同的价格销售同一品种、同一规格（或不同规格）的产品，往往出现做医院渠道的客户低价把货窜到OTC市场，严重扰乱产品的市场价格，不仅使企业蒙受利润损失，更让OTC客户因亏损而心生怨气放弃合作。

对产品进行分类，一般有以下几种方法：

（1）按药品目录分为基药品种和非基药品种；

（2）按药品大类分为处方药和非处方药；

（3）按药品销量分为品牌品种和推广品种；

（4）按药品销售终端分为招标市场品种和非招标市场品种。

基药、处方药、招标市场品种的营销手段近似，抓好重点目录、招上标、找对人，就能上量；非基药、非处方药、非招标市场品种的营销策略相通，但手法五花八门。

奏响提价与维价的合音

为了完成销售任务，达到增长目标，很多营销老总经常使用的招数是提价。一个销售过亿元的品种，提价15%就会增加1 500万元的销售额，商业客户从中得益就愿意接受提价并敢于压货，业务员因容易回款也愿意提价，只是终端和消费者不太乐意，因此很多品牌品种在终端的销售价格常低于出厂价，最终的结果是，虽然药企的短期销售额上去了，销售利润却没有增加。产品由于终端不得利，逐渐被终端抗拒甚至放弃，销售增长乏力。销售成本肯定一年比一年高，合理、合适的提价是必需的，检验的标准是价升量增，提价后市场价格的维护是销售持续增长的关键。

药品的价格策略与其他商品不同，药品高价卖得好，低价也可以卖得好，差价大的卖得更好。营销老总把提价策略玩得炉火纯青，但鉴于目前的市场环境，维价才是难点和亮点。产品价格保持合理，保证供应链各环节均获得合理利润，各链主才会不遗余力地推广销售产品，形成良性循环，不断激活市场，实现销售增长。

产品市场价格混乱，表面原因是厂家定价不合理，销售费用被转移支付，过度的商业压货，市场监管不力等，根本的原因是产品供过于求，未能创造、开发出更多需求，只是停滞在已有的相对满足的市场里。因此，维护好产品价格链要从营销的多个要素着手，不仅要加大广告宣传力度，巩固现有市场，还要开发更多潜在客户，阻隔竞争对手蚕食。在战术上，首先要从终端维价做起，确保终端合理的利益，加强对二级分销商的监控，二级客户是乱价的重灾区，他们游离于终端与一级商之间，既没有享受到一级客户的待遇，又没有受到厂家对终端这般的重视，所以他们对价格特别敏感。解决之道是培养重点二级客户，不求多，但求能覆盖到区域终端，将二级分销商与一级客户同等对待，配合再分销，共同管理市场。

渠道纵横捭阖

为了完成老板下达的销售指标，每年到了第四季度，渠道压货、商业促销成了多数营销老总的惯用招式。有些商业公司瞄准这个商机，安排专人、专项资金专门负责和完不成任务进度的厂家谈判，“狮子大开口”向厂家要政策、要促销、要利润，帮厂家压货完成任务，实现商业利润最大化，这就像揠苗助长，对产品今后的销售将产生难以估量的破坏。

渠道分为商业公司和终端，商业公司往往会被品牌厂家牵着鼻子走，每当厂家遇到增长压力，首先想到的是向商业公司压货，除了承诺给予促销政策外，个别厂家还会增加开户，多设一级，做大特一级，让其担任厂家的“蓄水池”，甚至用先开票暂不发货等诸多手法来保证财务报表数据的达标。这样商业公司就形成了“堰塞湖”，一旦厂商合作破裂，商业公司为了自保，尽快回笼资金，减少损失，就会低价抛货，扰乱整个市场秩序，造成客户避之唯恐不及的心态，销售额自然会加速下滑。

如果企业能根据产品定位，进行产品分类，找到分类产品的不同渠道，就能纵横捭阖，自成体系，避免殃及池鱼，一乱全乱。对基药、处方药、医院等招标市场，渠道策略相对单一也易于掌控，重点是做好前期的招标，中期的点击配送，后期的销售上量等工作。对于非处方药、药店等非招标市场，渠道策略的科学运用十分重要，深度分销的渠道策略仍是目前大多数OTC药企的首选策略。有效发挥和管控渠道必须做到以下三点：

（1）建立横向到边、纵向到底的三级分销体系，使产品能从一级到二级再到终端，最终到消费者手中，顺畅流动起来。

（2）基于价格策略的合理利润配给，是产品顺畅流动的动力和推力。

（3）执行力到位的分销队伍以及对团队、客户的监督考核制度，是深度分销的渠道策略成功的基础。

随着渠道的整合与分化，一批有推广能力、有终端网络的商业代理公司相继出现。厂家根据产品定位与分类，盘活产品，将一些需要市场培育的品种交给这些公司代理，拾漏补缺，资源共享，网络互补，是实现销售增长的有益补充。

广义促销润物无声

促销是实现产品变商品的惊险一跳，常常被放大功效，似乎要完成销售任务，唯有大肆开展促销活动，向商业公司压货，向终端压货，甚至超预算、透支经营利润地压货。促销常见的困惑主要表现在：

（1）商业公司拿了厂家的促销费用，但货仍在库房，仍然需要工厂给政策才能分销、消化。

（2）误导商业公司，以后厂家不给政策，商业公司不进货、不回款。

（3）促销资源被挪用，或倒贴在价格上，或被私自侵占。

（4）需要付出更多费用，终端才愿意接受压货。

（5）消费者对产品质量产生动摇，价格走低，拖累销量。

促销是一把双刃剑，运用自如才能产生扩大销量的作用，找准促销杠杆的支点，才能撬动销量，激活交易。药企在开展促销时必须注意以下几点：

（1）促销要以针对消费者、终端为主，以商业公司为辅。

（2）促销结束后，价格能回到原来的水平。

（3）促销力度应逐渐收缩，而不是逐渐放大，否则，之前被促销的客户就感觉被忽悠了，会等待观望下次力度更大的促销，影响促销效果。

（4）是旺季促销、火上浇油好，还是淡季促销、力保市场好？须根据企业和产品的实际情况而定。

（5）促销除了新颖不落俗套外，还必须有收有放，不应把促销当成变相降价。

Promotion这个词，直译成中文是促销，狭义的促销主要指降价、抽奖、买赠、导购等销售促进手段，实际上这个词包括广告、公关、赞助等所有沟通策略。人们常常关注上述狭义的促销，要使销售持续增长，要做的更多是广义促销，它是和风细雨，润物无声，但坚持做下去，肯定会有意想不到的收获。很多药企开展店员培训、社区消费者教育、药店陈列比赛、店员销售精英选拔、健康知识讲座、安全用药大讲堂、电影进社区等形式丰富多彩的促销、推广活动，不但能直接面对消费者，了解顾客需求，实现产品销售，而且也是传播企业品牌的良机。

用品牌串起4P

受新医改影响，OTC的增长远没有医院的增长幅度大。据权威数据预测，2012年OTC市场的增长率首次跌破双位数，而大多数企业要求的最低增长率也在15%左右。面对这样的错位，要实现销售增长，除了有效完成4P工作外，更重要的是通过品牌整合、提升，保持可持续增长。产品、价格、渠道、促销就像一颗颗珍珠，需要用一条线把它们串起来，成为美丽实用的珍珠项链。

竞争战略之父迈克尔·波特提出了企业取得领先优势的三大竞争战略，其中总成本领先战略很难在医药企业做到。医药行业高投入、高产出、高风险，要打造品牌，只有依靠差异化战略和聚焦战略。鉴于医药产品批文的稀缺和产品属性的独特，很多企业只注重打造企业品牌。事实上，企业名字只是一个商号，它不能完全背书产品在消费者心智的定位。如果企业名字已经是一个商标，那么在消费者心智中，企业的某一产品肯定占据了很重要的位置。

南方制药作为一个商号并不太知名，但其三九商标却人人皆知，可是，最早进入消费者脑海的是三九胃泰，后来是三九皮炎平，现在可能是三九感冒灵颗粒，三个产品也没有什么共同点，加上终端还有很多三九牌的其他名不见经传的药品，所以，消费者很难分清“三九”究竟代表的是什么。消费者为什么要优先选择购买你的产品？除了品牌的差异，再也找不到别的差异化，品牌资产就会慢慢地被消化掉，阻断增长的天花板就自然形成了。

综上所述，企业应该挑选出能代表企业长远发展的一个产品作为品牌产品来培育，然后紧紧围绕该产品做好4P甚至6P的各项营销工作，始终坚持聚焦的战略和战术，直到产品成为消费者的购买首选，成为同品类的领导者，这时仍不能放弃对品牌的巩固和强化。就如脑白金的广告，投了十多年，还是那句广告语：“今年过节不收礼，收礼就收脑白金。”脑白金的销量和给股东的回报，至今其他药品和保健品仍难以望其项背。

品牌离不开广告。药品广告受到诸多限制，打造一个药品的品牌考验企业整合4P的能力，以及广告之外的公共关系水平。除非你有过硬的独一无二的重磅产品，否则，就只有不断锻炼培养团队，因为无论是产品、价格、渠道、促销还是品牌，都需要强大的营销团队突破销售增长的困惑，才能走向“蓝海”。

（作者：柯华松，原载于《医药经济报》，2012年11月26日，原题为“销售增长的困惑与激励”）

销售赛车如何弯道取胜

车况：吃品牌老本

广州H药厂是一家有着近40年历史的老国企，其主打品种为中成药，面向全国销售，去年仅有二十多个业务员，主要依靠渠道驱动，销售刚突破1亿元。

产品：主打品种××消炎片的年销售额不到4 000万元，已过了国家中药保护品种的保护期限，竞争对手已生产出该产品的消炎胶囊、颗粒并上市销售，同时由于该产品属于处方药，不能在大众媒体投放广告。另一独家品种祛痰止咳颗粒主要面对医院销售，由于缺乏良好的政府公关能力，被国家发改委调低了零售价，在各省市的招标采购中纷纷落标，由于没有操作空间，即使降价中标也找不到代理商。其他品种基本上是“人有我有”，如板蓝根颗粒等中成药。

价格：地处广州及国有体制性质决定了企业经营成本偏高，在10年前供不应求的市场环境下，销售还算红火，因而形成了较高的产品价格基础，目前在市场上处于中高价格水平（比同类品牌药价格稍低，比非品牌药价格高）。由于规模不能快速扩大，折旧、退休工资等成本增大，产品仍有涨价压力，否则企业可能会亏损。

渠道：销售仍停留在过去的渠道销售模式上，一个业务员负责一两个省份，签合同、发货、催款。既没有广告等空中支持，又没有地面分销服务，再加上没有进行客户管理，“有奶便是娘”，谁愿意压货、谁愿意付款就给谁发货，导致渠道混乱，市场价格严重倒挂，客户信心大跌。

促销：由于缺乏终端人员，企业基本没有开展过终端促销活动，商业促销倒是不少，月度任务完成不了就开展商业促销，但毕竟拉力太小，导致商业库存极大，年底统计社会库存达5 000万元，占全年销售的40%以上。促销费用越走越高，企业不堪重负。

管理：只有目标没有策略，只有任务没有方法。对销售的管理就是“底薪+提成”，不仅考核收款任务，也考核发货任务，而且非常刚性，两个指标必须同时完成90%以上，否则取消所有提成；若年底不能将应收货款清零，也将扣押等额的应收货款金额。每到年底，业务员认为完成任务无望，或早早放弃另谋他就，或者玩游戏，寅吃卯粮，对客户大肆承诺，先把今年的提成拿到手，反正明年也不知在哪儿干了。整个团队缺乏灵魂人物，没有培训，半年才开一次总结会，会上也主要是为任务的多少和费用的支付而争吵不休。可以说，其管理与目前流行的医药营销管理格格不入。

品牌：中药营销更能体现品牌的力量，它不同于西药，西药产品更新换代快，从先锋四号到先锋五号、六号、七号等，新一代产品往往在耐药性、不良反应等方面比老一代有优势；而中药却是慢工出细活，历史越久远，越受消费者青睐，企业如同仁堂，产品如千年古方乌鸡白凤丸。H药厂的品牌在行业内还是被认可的，特别是三四十岁以上的人群，老业务员虽然难有创新思想，但客情关系维护得还不错。从产品结构来看，企业也有机会做大、做强，这是H药厂品牌的最好积累。

赛程：“计划”当道

2008年下半年，美国金融危机引发了全球金融海啸，出口受阻，大量民工返乡，虽说药品是刚性需求，但受到的冲击也很大，如珠三角、长三角等工厂周边的药店就受工厂关闭影响而关门。

2009年4月，新医改方案出台，8月，国家基本药物目录公布，10月，国家基本药物价格公布，年底，国家医保目录公布，另外依旧在全国范围开展的招标采购继续打压价格，扩充跟标医院至所有国有医院，包括社区卫生服务中心。这一系列的政策法规都在告诉人们：医药市场越来越“计划”了，这将更有利于国有的、规模大的集团，对中小药企却是利空。

OTC市场经过10年的充分竞争，商业、连锁寡头已经日渐突出，谈判的话语权不在中小药企手上，渠道、促销费用居高不下；大工厂、大品牌也不断打压小药厂，以争取更大的市场份额。总而言之，马太效应越发明显，要抵御敌人并取得突破，唯有积极防御，快速出击，出奇制胜，才不会被动挨打。

H药厂要冲出销售额多年徘徊在1亿元规模的泥潭，要实现今年50%的增长速度，使销售规模达到1.7亿元，驶上企业发展的“快车道”，必须建立使顾客满意，同时使企业赚钱的商业模式。为此，企业决定招聘领军人物，全面负责营销工作，提出“一万年太久了，只争朝夕”，企业要弯道超车、以速度制胜，用5年时间将企业打造成中国医药行业知名品牌，争取10年内成为中国驰名商标，成为全国中成药制造企业20强。同时打造专业团队，培养更多高素质、高收入的“驾驶员”，承诺若完成销售任务，每年将以20%的幅度提升营销人员的薪酬水平。

转弯：速度制胜

以小搏大就要出奇制胜，弯道超车必须拥有比对手更快的速度，抓住对手喘息的机会一举超越，否则在阳光大道上，路况好，车技不如人，就更难超车了。为此，H药厂制订了以效率抗击规模的策略，围绕“效率制胜”战略制定组织架构、人员配备、销售任务和传播策略等，其中组织架构、业务流程的调整首当其冲。

重组架构：成立独立运作的营销中心，该中心对“厂管会”负责，对销售指标负责，在预算费用内，拥有充分的人事权和决策权，改变过去经营部部长处处受掣肘的局面。高举“品牌发展”的战略旗帜，以“满意营销”为核心指导，继续解放思想，深度开拓市场，加强顾客沟通，打造专业团队，提升顾客价值，让顾客满意，推动科学发展。

重新定位：营销之前先定位。目前已没有能让中小药企全面发展的环境和机会，因此必须在某一领域取得竞争优势，成为数一数二者而领先胜出。H药厂的产品线囊括抗病毒、消炎、止咳、化痰、清热解毒等类别，属中药抗感染类，有一定的规模，在生产领域特别是片剂有独到之处，质量在同行业中领先；上呼吸道感染等治疗市场容量极大，消费者也比较认可，如复方感冒灵片在同类中市场的占有率第一，价格也是最高的。

经过一番热烈讨论和认真思考，企业确立了“中药抗感染专家”的定位，

“集中优势兵力打歼灭战”，放弃小品种的销售，打造“中药抗感染专家三剑客”。抢占顾客心智，让消费者在购买中药抗感染产品时能第一时间联想到这“三剑客”。

塑造形象：根据定位塑造形象，让消费者信服，“你是专家，你比别人专业”。于是，在营销中心成立不到两个月的时间里，完成了企业的VI设计，根据新VI设计产品包装，统一风格、统一形象面对消费者，重新设立企业门户网站，不但更换了更能直接体现H药厂的域名，而且网站还增加了在线培训、网上采购、专家热线等功能，保证企业始终以同一种声音和消费者沟通。

扩充队伍：“路线决定之后，干部就是决定的因素”，改变过去只有经营部正副部长两个领导的局面，营销中心物色了市场部、推广部、销售部、OTC部等核心干部，并从广州中医药大学、广东药学院等应届毕业生中招聘二十多人充实到一线。大学生的加盟不但改变了团队暮气沉沉的氛围，也为将来培养干部储备了人才，各省份则招聘当地人员做OTC代表，每天都有几百人在终端进行促销、传播，有了人，才有执行者。

誓师大会：毛泽东指出：“慎重初战，首战必胜。”为了做到首战必赢，营销中心举行了誓师大会，不仅公布了商业、终端的奖励政策，也明确了“三大纪律八项注意”，“打土豪，分田地”，首战促销活动结束，将论功行赏、痛饮干杯，团队斗志昂扬。

资源聚焦：中小企业资源少，H药厂把目标锁定在十大重点省份，这些地方基础较好，人员稳定，资源集中，有助于寻求突破，实现增长。不仅聚焦客户、聚焦地区，还聚焦媒体、聚焦品种。在这些省份，由于城市百强连锁门槛高、费用大、动销难，H药厂往往选择一两间非最强势的连锁合作，依靠连锁的首推或药厂的三大服务工程产生销量，但这不是重点，只是虚晃一枪，其重点是把大量的人力、物力放到县镇市场，开发第三终端，因为那里更能接受企业品牌、价格和包装，使用“农村包围城市”策略，大量开展推广会、车载路演等促销活动，形成“星星之火，可以燎原”的态势，成功后再回头主攻城市市场，与城市连锁的合作就如同潜伏的地下工作者，打主攻时将起到重要作用。

深度分销：从原来几百家客户中筛选出不一定最大，但最合适的客户作为一级经销商，改先货后款为先款后货。为了保证一级商利益，全国只设立几十个一级商。同时，建立二级分销、三级促销的三级渠道体系，帮助客户分销，把产品卖出去，让客户赚钱；在地级市设立联络处，扩大分销网络，提高终端服务水平。“为有源头活水来”，只要一级商的货分销出去了，回款就不是问题，只有一、二、三级循环起来，所有的拉力、推力才能显示出威力。

文化传播：广告费用剧增，因此最好的广告是公关。H药厂以四两拨千斤之势，启动了让顾客满意的“三大工程”：花城会馆（在知名药店设立产品专柜）、花城月票（凭空药瓶、空药盒可以免费换药）、健康志愿者（邀请名老中医、医药学校学生走进社区，为顾客提供增值服务）。特别是“为环保为健康——空瓶空盒可换药”公益活动宣传空瓶、空盒也值钱，药品没过期也可回收，同时为环保出力，因为每年可回收10亿个空药盒，这些空药盒可制成3亿张A4纸，可供1 000所小学使用超过10年。这一活动在城市通过媒体的报道提升了企业品牌，在农村通过换药吸引了消费者，农村消费者忠诚度较高，为销售打下了良好基础。

针对主打产品××消炎片知名度不高的问题，企业除了发布大量软文及宣传手册外，还请专家探根寻源，综合民间传说，探究产品主要成分名字的来由，并写成传说，制作成动画在电视非黄金时段播放，大大提高了产品的知名度，提升了企业的文化传播力。

经过将近1年的努力，H药厂实现了50%的销量增长，弯道成功超车。正如做一件好事容易，难的是一辈子都做好事，一次弯道超车成功容易，难的是不断地成功超车。好在无论是在财务目标、顾客满意、内部流程，还是在学习与成长方面，H药厂都取得了长足进步，为今后的加速发展提供了空间。

雄关漫道真如铁，而今迈步从头越。营销亦是如此。

相关链接

定位就是在顾客头脑中寻找一块空地，扎扎实实地占据下来，作为“根据地”，不被别人抢占。即令你的企业和产品与众不同，形成核心竞争力；对受众而言，是鲜明地建立品牌。

定位理论认为，品牌就是某个品类的代表或者说是代表某个品类的名字。建立品牌就是要实现品牌对某个品类的主导，成为某个品类的第一。当消费者一想到要消费某个品类时，立即想到这个品牌，我们就说你真正建立了品牌。

定位理论PTS：P（positioning）——先定位，T（targeting）——再选择，S（segmenting）最后细分差异。即在确定的目标市场寻找与竞争者的差异性。

定位的基本方法有三种：聚焦、对立和分化。

定位的九大方式：

（1）成为第一（二元法则）；

（2）新一代（重新定位）；

（3）领导地位（排他法则）；

（4）特性（没有事实只有认知）；

（5）制作方法；

（6）传统；

（7）最受青睐；

（8）专家；

（9）热销。

（作者：柯华松，原载于《医药经济报》，2009年12月17日，
原题为“弯道效率为王”）

抓住本质方能破迷局

X药企2010年销售额约4.3亿元，以OTC药品为主，利基市场在华南，每年有两三千万元的广告投入，在全国有三四百人的终端推广队伍，董事会要求2011年销售增长18%。事实上，这几年来，该企业业绩并不稳定，始终不能越过5亿元大关，低谷时还下跌到两亿多元。营销老总很困惑：“企业这些年用了不少OTC营销的新招，已经很难有创新了。别的企业也这么做，为什么能完成增长任务？”2011年是“十二五”规划开局之年，企业都在制定宏伟的五年发展目标，目标很给力，但营销老总很犯愁：“我们没有增长的欲望，却有增长的压力。”医药营销的创新太难了，OTC营销就这几种模式：有钱就做广告，没钱就让连锁做首推；有队伍就做分销、促销，没有队伍就只能做招商、代理。医院营销更简单，招标、物价、医保前三关，勾标、进药、上量后三关，均非销售经理个人所能左右。医药行业很难像其他行业那样，一个创新成就一个企业或一个业态，做得好的药企往往靠多年品牌积累和战术、服务细节的相对优势而胜出。

虽说医药行业进入了“黄金十年”，但从微观来看却像是陷入了迷局，从近几年市场上并未冒出令人耳熟能详的OTC品牌就可见一斑。

模式增长乏力

表6　OTC营销的四种模式分析

模式	现状	相关利益者
广告拉动模式	广告费用倍增受诟病； 投入产出不合理受打压； 快速提升销售乏力； 优质媒体资源被垄断； 广告落地难、时间长	医药商业抱怨压占过多资金； 连锁药店抱怨无利可图

（续上表）

模式	现状	相关利益者
连锁首推模式	微利经营无法打造品牌； 受制连锁难做大规模； 品种线过多、过长，生产受掣肘； 缺乏核心要素，容易被取代	商业抱怨周转慢、配送烦； 连锁抱怨交货慢、推荐难
分销推动模式	层级费用大、管理难； 压货后动销难； 队伍庞大，管理难； 增长亮点不明确	商业抱怨利润低、支持少； 药店抱怨利润少、服务少
第三终端模式	点多散小，渠道整合难； 区域差异大，对人员要求高； 难找到合适的人； 地区成功却难以复制到全国	商业抱怨成本高、费用大； 药店抱怨任务重、销量不大

如表6所示，各种模式似乎都已陷入增长乏力的困境。广告过度忽悠、商业大量压货、终端单一促销、企业粗放管理，厂家也许只要“过得比他好”，哪顾得上商业、终端等供应链的各方利益，销售区域经理们“过一年算一年”的心态，造成厂家频繁换防换将，更加剧了市场的混乱。

营销老总的迷惘就在这里。无论采取何种模式，自身主体和相关利益者都不满意。以广告拉动模式为例，即使原材料涨价、成本增加，产品也不太可能提价，而广告费用增长惊人，不投广告不行，投了也不一定行，董事会对利润的高要求便成为营销老总的两难选择；销售达不到进度，唯有向渠道压货，造成经销商不满；为了套现，经销商冲窜货或低价抛货，就会影响终端价格和利益；终端的低价又反过来压制商业和厂家，形成恶性循环。

企业的本质是为利益相关者创造价值，投资人是企业发展的源泉，客户是企业的动力，员工是企业的主体，要使整个供应链都有价值，各个链主都满意才符合营销的本质。做不到让制药的员工满意、让卖药的经销商满意、让买药的消费者满意，就无法冲破医药营销的迷局。

向“潜在产品”扩展

郎咸平先生说：“企业往往只关心企业成功的必要条件，如资金、技术、人才，而很少关心企业成功的充分条件，就是抓住行业本质。”也许有人会说：“这很简单，医药行业的本质就是疗效，就是安全、有效。”当然，这很重要，但消费者要用过才知道是否有效，问题是如何让消费者先使用（即产生第一次购买），更何况很多药用一次还不知道是否有效。

药品是特殊的商品，具有强制性消费特性，药品质量的绝对性与效用的相对性、无价性与用途唯一性、第三方付款等特点决定了药品营销与一般消费品不同，它还受到国家许多政策、法规的影响，如是否是医保产品、物价与招标的关系等。为什么便宜的药不一定好卖？就是因为消费者怀疑它的品质、疗效，商家嫌其利润低而限产、不产或换产。

菲利普·科特勒将产品为消费者提供的价值分为五个层次，即核心利益、一般产品、期望产品、扩大产品和潜在产品，完整地解释了消费者选购和消费产品时是如何从“核心利益”向“潜在产品”逐层扩展的。营销的目的在于把握这种需求变化的趋势和方向，通过有计划、有目的的营销行为，引导消费者对产品的价值需求和评判，最终获得消费者的认可，这就是产品的精髓。

它至少包括三方面的特征：

（1）基本特征指产品的一般功能，对应的是包装、款式等外观特征。

（2）功能特征即产品的核心功能，对应的是产品内在的功能或使用价值，比如原材料来自GAP药材。

（3）精神特征（也叫文化特征），是使产品与众不同的精神特点，带给消费者使用价值以外的精神愉悦，如王老吉不仅是防上火的凉茶，还是大吉大利、愉快团聚的代名词。产品没有精神特征，就只能和别人拼价格、拼促销，就走不出迷局。

抱怨是最明显的需求

曾经备受大企业推崇的控制营销，就是因为了解并抓住了医药行业运营层面的本质而成功。所谓“控制”就是因为乱了、失控了，需要重新制定利益分配规则，并牢牢执行，之前很多大品种采用广告拉动模式，但没有顾及商业和终端的利益，当终端话语权增强时，大品种被束之高阁、被拦截。于是，控制营销出手，重新分配各方利益，各方握手言和，继续分享利益。

也有一些企业盲目“控制”，落得丢失市场、销量下跌、商家不受落的局面，因为他们没有掌握市场的本质，即必须有一个好产品，好产品按产品层次理论是从核心利益逐层向潜在产品扩展的，消费者的价值需要和评判标准也是随着市场状况、时间的变化而变化的，好产品不仅指包装、外观等基本特征，重要的是功能特征，关键是精神特征。好产品会有一定的市场基础，销量不大、利益分配不乱的产品就不应盲目采用控制营销，而应将创造消费者需求这个市场层面的工作作为重点推向纵深。

符合运营层面的策略是什么？问题和抱怨是最明显的需求，根据广告拉动等四种不同的营销模式，解决消费者的问题和抱怨就是正确的策略，这也符合消费者的本质需求。

本质的背后是人性。要破解医药营销迷局，我们应用敬畏的心态按照规律办事，按照人性的本质洞察需求、设计系统、建立规范、展示实力、构建愿景、分享价值。

（作者：柯华松，原载于《医药经济报》，2011年4月25日）

单品为王，品牌突破

引子：通过CFDA南方医药经济研究所广州标点医药信息有限公司的RDM系统，在全国31个样本城市4 500多家样本药店统计范围内，我国十大主要品类重点品牌集中度表现不一，各有特点，具体分析如下：

药店十大主要零售品类分别是感冒用药、抗感染用药、维生素、胃肠用药、心脑血管用药、止咳化痰用药、皮肤用药、降压用药、妇科用药、咽喉用药。其中只有感冒用药前十位品牌市场集中度为21.81%，抗感染用药前十位品牌市场集中度为20.38%，其他品类前十位品牌市场集中度均在30%左右，最高的是降压用药市场，前十位品牌市场集中度为45.21%。

自2009年新医改后，医院市场增长迅猛，OTC市场增长乏力，很多OTC企业都感叹生意难做。根据上述数据分析也得到佐证，前十大品牌的集中度最低均超过20%，最高达到45.21%，剩下的市场由成百上千个竞争者去抢夺，可见能分得一杯羹是多么的不容易。企业要进入前十强才能活得更好，因此必须开启“单品为王，品牌突破”的模式。

“三四定律”

这是一个和“二八定律”很相似的概念。

“三四定律”是指在一个稳定的竞争性市场中，有影响力的竞争者数量绝不会超过三个。其中，最大竞争者的市场份额又不会超过最小者的四倍。即第一名的营业总额的1/4必然小于第三名的营业总额；第三名的营业总额必然超过第一名营业总额的1/4。这条规律是由下面两个条件决定的：

第一，在任意两个竞争者之间，2∶1的市场份额似乎是一个均衡点。在这个均衡点上，无论哪个竞争者要增加或减少市场份额，都显得不切实际，而且得不偿失。

第二，市场份额小于最大竞争者的1/4就不可能有效地参与竞争。

通常上述两个条件最终将导致这样的市场份额序列：

每个竞争者的市场份额都是紧随其后的竞争者的1.5倍，而最小竞争者的市场份额不会小于最大者的1/4。从数学原理上讲，要同时满足上面这两个条件，就不应有三个以上的竞争者存在。

我们不必太在意这个数字是否完全准确，事实上，市场的现实情况已经告诉我们，不能进入消费者心智的前三名，发展机会是很渺茫的。凉茶有领导者加多宝，紧随其后的是正宗凉茶王老吉，第三名是大瓶凉茶和其正，就算我们苦思冥想能叫出第四是邓老或其他品牌的凉茶，但它们都远非是前三者的对手了。

也许医药行业特殊一点，某些专科用药、某些单独治疗领域、某些边远地区和特殊渠道，会给一些有特色的产品存活的机会，但主打品类肯定是强者的天下。在日益激烈的竞争中，企业消耗的资源很多，不可能面面俱到做好每一个品类，药店终端追求顾客满意的同时追求利润最大化，一边拿品牌药吸引顾客，一边拿代理品种做高毛利首推，因此，OTC、大健康、快消品行业已经形成“三四定律”，每个品类只有前三名的品牌生存得好，企业唯有将一个新品类打造成王，创造一个大品牌，才能成为销量霸主，成就大品牌。

单品为王五要素

如何打造单品为王？

打造单品为王是一个庞大的系统工程，笔者结合多年的实践经验和营销思想，抛砖引玉，为大家重点描述如何开启单品为王、品牌突破模式的程序。

简单来说，成就单品为王有五个要素：

（1）明确使命——使命引领战略，打造品类品牌，为社会创造价值。

（2）制定目标——成为品类的心智代表，让用户满意，让顾客满意。

（3）坚决执行——围绕战略、运营、人员三大核心，提升执行力。

（4）讲究策略——深入研究产品，高效灵活运用4P和4C的各个要素。

（5）支持保障——构筑竞争闭环，让模式得以复制、延续。

企业只有要把单品品类成王的战略上升为企业使命，才不会轻易调整战略目标，在使命的号召下，制定营销目标，层层分解，坚决执行，创新管理，巧妙运用4P、4C策略组合，并建立支持保障体系，才能成功打造单品成王，使品牌成为品类的代名字。（如图4所示）

明确使命：企业在制定战略之前，必须先确定企业使命。企业使命是企业存在的目的和理由。明确企业的使命，就是要确定企业实现远景目标必须承担的责任和必须刻苦的坚持，不为短期利益或困难所屈服，才能坚定执行单品为王的战略目标。

默克公司的使命是为社会提供卓越的产品和服务，早在20世纪50年代，乔治·默克就向社会宣布，默克公司将遵循“医药为民不为利”的宗旨为大众服务。在公司研究出一种新药可以医治热带雨林中土著的一种疑难病时，公司考虑到贫困的土著居民无钱买药，便决定为3 000多万患者免费提供这一药品。医药为民，自然得利，成就了强大的默克。

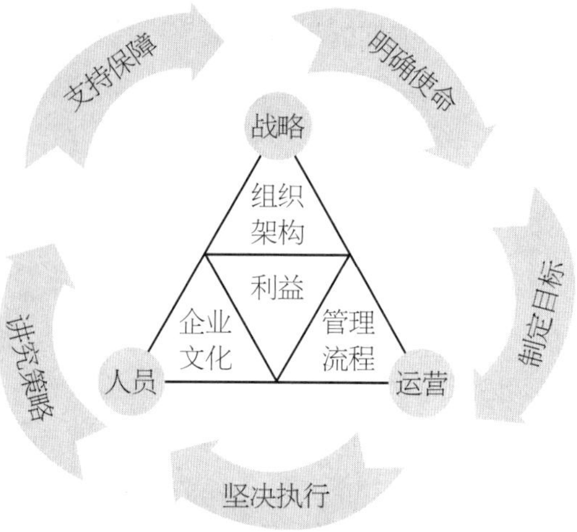

图4　成就单品为王五要素

加多宝的使命是“共创健康时尚饮品，传承中华传统文化”，不管在创业的初期和品牌更换的艰难时期，还是在销售疯狂增长的快乐时期，其始终坚持企业的使命，做现代凉茶新品类，不延伸品牌，不扩充品类，不偏离代表中华文化的“红”传统，因而成就了全国销量最大的单品凉茶。

制定目标：通过使命明确战略，在使命的驱使下，坚守战略，再把战略分解到具体的目标。营销目标包括销售目标和市场目标。作为OTC类产品，如果单品销售接近1亿元，已经具备成为该品类王者的基础，接下来的奋斗目标应该是3亿、5亿、10亿及以上。这是销售目标。

根据平衡计分卡理论，要实现财务目标，就要让顾客满意，顾客满意的指标除了销售额、利润、市场占有率等量化指标外，还要有品牌影响力、客户满意度、干部队伍建设、员工技能增长等质化指标，才能防止竭泽而渔。这是市场目标。市场目标的重要指标是品牌力，假如没有品牌建设指标，没有客户满意度指标，增长肯定是短期的，更多的是通过向渠道压货、透支销量、透支费用，后人无异于坐在火药桶上，随时有爆炸的危险。这怎么可能成为单品之王呢？所以企业在制定目标时，既要符合使命、战略的长远规划，又要切合实际，分步达成，不轻易调整。

坚决执行：明确使命和制定目标都是 “纸上谈兵”的战略，真正让战略落地靠的是执行。执行包括三大要素：战略，运营和人员。

（1）战略。

这里指的战略是企业的目标战略、营销战略，将战略转化为销售目标，把这些目标同绩效管理连接起来，确保营销战略目标落实。企业往往把战略挂在墙上，而不是为了执行。执行战略要关注以下三个方面：

首先，企业战略与企业能力之间是否匹配，是导致企业成长与衰亡的本质根源，是能否形成企业核心竞争优势，超越竞争对手的终极原因。任何一个企业的成败都和企业所选择的战略以及与战略匹配的企业能力的高低有关。就像作用于生命中的两条染色体一样，依附在染色体上的DNA组合形式表达了生命个体的全部信息。

其次，任何管控模式都需要通过流程来实现，而组织架构既是落实目标的重要前提，又是流程实施的载体。如果组织架构与流程不配套，管控的模式也无法落地。

最后，战略管理就是对品牌的心智资源的管理，心智决定市场，市场竞争是对顾客心智资源的争夺，品牌的首要功能在于简化顾客的选择，通过占据顾客心智，实现向其“预售”产品和服务。顾客不关心企业，只关注品牌。

战略实施的重要因素是定位。所谓定位就是利用广告为产品在消费者的心智中找到并确立一个位置。即在潜在顾客的心智中实现差异化。

“位”指的是消费者的“心理杠杆”，不是指自己的位置，而是指对方的“心理杠杆”。消费者以品类思考，用品牌表达。品牌竞争的实质是品类之争，成功品牌的战略性共征是品类的代表，真正的品牌是消费者心智中代表特定品类的名字，它包括品类（心智中的格子）和品牌名字（心智中的格子里的品牌）。加多宝是凉茶的代表，消费者先想到购买凉茶，再想到品牌，最后才想到企业。

企业可以生产不同品类，品牌代表特定品类；企业代表法人实体，不要混淆企业和品牌，否则无法准确把握市场竞争的基本单位是品类这一实质，而步入打造品牌目标的误区。

（2）运营。

单品战略定位确定后，剩下来的就是执行运营。运营重点在于建立流程。

运营流程为战略的实施人员提供明确的指导方向，它是一条将整个企业的人员、战略和运营流程连接起来的线，通常的表现形式是分配目标。它包括确定目标、制订行动计划、贯彻执行和跟进完成。

运营要讲究策略和方法，我们倡导4P、4C策略的组合运用和PDCA管理方法。

运营最终是对人员的合理使用、科学管理、持续创新。

（3）人员。

执行离不开人员，人才是执行的保障。我们常说，没有强大的个人，只有强大的团队，强大的团队产生强大的团队文化，推动企业向前发展。在实际执行中，企业使命明确、目标清晰，缺乏的往往是人才和对执行的坚持，不轻言放弃。

如果我们能用正确的人（人员流程）、正确的方法（运营流程），做正确的事（战略流程），即如果我们能协调好企业的战略、运营、人员这三个核心流程，就能实现完美执行。

讲究策略：执行不是蛮干，要巧干，正确而灵活的策略是执行的关键。营销始于4P，终于4C。打造单品为王，打造品类品牌，无论是从制造商的角度还是从顾客用户的角度出发，都离不开对4P、4C策略的深究。

4P是营销的策略和手段，而4C则属于营销理念和标准。4C所提出的“满足顾客需求，降低顾客购买成本，购买便利性，营销沟通”是一种营销理念和理想的营销标准，而4P“产品、价格、渠道、促销”则是一种营销策略和手段。4C所提出的营销理念和标准最终还是要通过4P的策略和手段来实现。比如要提升顾客购买的便利性就要通过渠道策略来完成，要满足消费者需求，要通过产品策略、广告公关等促销策略才能达成。

4P是站在公司角度来说的，而4C则是站在消费者角度来说的。打造单品为王，首先要立足产品本身，对产品的核心层、有形层、附加层进行抽丝剥茧，思考其是否符合单品成王的基本条件，是否真正能满足顾客的需求，是否具备核心的差异化，是否能建立竞争壁垒。除了产品，我们还要站在顾客愿意支付多少成本的角度思考价格策略，站在顾客便利性的角度思考渠道策略，站在顾客沟通的角度思考促销策略，才能制定符合消费者心思的品牌策略。

打铁还需自身硬，产品始终是基础和核心，促销不过是插曲。

支持保障：单品成王不容易，守住王位更难。一个单品能否较长时间成为消费者首选，除了以上四点外，还必须建立支持保障体系，构筑竞争壁垒，形成竞争优势。

（1）创新。

保持产品的持续创新能力，是单品为王的基础保障。唯有产品不断创新才能持续地吸引顾客，顾客是单品成王的最重要因素，有了顾客才能发展壮大，生生不息。哪怕是板蓝根颗粒这样普通的品种，要成为这个品类的王者，也要持续地创新。处于行业龙头地位的板蓝根颗粒厂家，不仅在产品升级换代上下功夫，采用指纹图谱技术控制质量，还在位于上游的GAP药材基地开展板蓝根有效抗病毒的临床研究，申请板蓝根美国FDA认证等，这一系列的创新，很好地区隔了别的品牌的板蓝根，在消费者心里烙下深深的印记，产生持续的购买需求。

（2）管理。

科学的管理是单品为王的运营保障。运营就是对目标进行管理，对人员进行绩效考核，以保证战略目标的实现。在实践中，比较好的管理工具是用平衡计分卡（BSC）进行绩效考核和评估，提高效益和效率；用PDCA进行目标跟踪和行动纠错，提升执行力。

（3）团队。

运营、执行、策略都离不开人员，加强人员的培训与管理，保证团队具备执行的能力。交替互补的团队结构是确保目标完成的关键要素，一个团队有多大的战斗力，不是看团队的头头有多大的本事，而是要看整个团队的综合能力，而且团队必须要有层次、层级，才能在团队的领导变化时，依然有核心竞争力，确保单品持续运作。

（4）利益。

单品为王五要素中，供应链的利益共同体始终贯穿其中，是各方的核心诉求。针对顾客、用户、经销商等的外部价值链和针对研发、生产、营销、团队等的内部价值链都是企业利益共同体成员，共同为顾客作贡献，共同创造绩效，共同分享利益、分担风险。利益的合理分配既是必不可少的，也是加速做大单品的势能。谁能改变目前OTC市场“好卖的品种不赚钱，赚钱的品种不好卖”的尴尬局面，谁就能吸引顾客、吸引用户，率先胜出。

（5）文化。

刚性的制度是管理的基础，随着企业的发展壮大，团队成员的多样化，还要靠企业文化才能引领团队走得更远。文化就是以文化之，用一句话所概括出的一个团队所尊崇的核心价值观，就是这个企业的文化，例如红色激情的加多宝正能量文化，层层驱动的联想发动机文化，优胜劣汰的华为狼性文化。企业文化成为支持保障系统的灵魂，推动企业向着战略目标不懈前进。

（作者：柯华松）

浮躁暗杀品牌

案例

E药企建厂十多年，几经打拼，综合实力还算雄厚，尽管企业产品众多，在市场上有一定的影响力，但近几年随着其他有实力公司的进入，市场份额逐渐减少。E药企老总认识到不能吃老本，如果没有个性产品品牌的诞生，市场将会遗忘自己。

新人打造新品牌

老总召开市场分析会得出共识：当前市场形势严峻，有必要树立企业品牌形象，拿出一个有实力的产品打响品牌，在央视做广告，紧跟销售人员促销，带动产品品牌影响力。如此，一是带动了其他产品的销售，二是带动了整个企业在市场上的影响力。会议达成品牌三部曲：选产品、央视广告带动销售、销售人员市场开发与维护，走可持续性品牌发展之路。

经过慎重选择，E药企选择了某品牌感冒药。企业高层一致认为，无论何种产品都不如感冒药走量，该产品的主要成分是复方氨酚烷胺，治疗流行性感冒有一定作用。为了单独操作此产品，E药企拿出足够的资金组建了感冒药销售中心，起用了感冒药车间主任担任营销中心经理，并提拔了两名老业务员为副经理。基本上没有动用原先营销部门的人员，新部门新成员，焕发出新的生机。

新上任的王经理踌躇满志，他先前在生产部门就以管理赢得企业高层重视，是个敢管敢干的人。很快，他成立了市场部、财务部、营销一科（省内）、营销二科（省外）等部门，多次挑灯夜战开会，分析市场行情。市场部文案策划等人建议让某影星担当产品形象代言人，王经理否决了这个建议，他认为明星负面新闻多，不如选择普通人做广告，一是费用低，二是有一种平易近人的感觉。随后，各项工作井然有序地展开。

广告货不对版

各路销售人员奔赴营销前线和商业公司洽谈签协议。王经理的意思是先铺货随后打响广告。于是，销售人员告诉客户，广告将很快在央视打响。凭着E药企本身的一定影响力，多数客户与企业签订了协议，购进产品，等待时机出货。然而，一个多月过去了，诸多商业客户发现该产品并未在央视亮相，于是纷纷致电E药企。

原来，E药企的内部资金链出现了问题：药企老总贷款的资金用于新厂房建设，央视的广告费用实在让企业头疼。最后，王经理建议在全国几大省台做广告，以山东、上海、河南等地为重点。很快，各省台出现了E药企感冒药的广告，同时为给客户一个“交代”，增加促销品数量、配送费和返利。

广告从央视转移到省台的做法得到了客户的谅解，但多数客户对广告内容不赞同，认为E药企好歹也是一家有影响力的企业，做广告怎能如此小气，竟起用一个陌生老太太在电视里瞎咋呼。市场部人员再次请示王经理，王经理也认识到广告存在问题，经过磋商后，决定选择名人做广告。于是，企业与某影星达成了合作协议，让影星代言此产品。广告再次播出时，各商业公司已备货达半年之久，诸多客户以产品批号老为由开始退货。王经理以为客户换了新批号后会再次合作，孰料多数客户却是真心实意地要退货。

各销售人员慌了手脚：“促销品被客户消化掉了，每月的配送费也给了，现在退货不就成了冤大头？”王经理顾全大局，同意退货，要求销售人员再次重振雄风，决战市场。

促销大增成本

在省内，E药企把产品送到商业公司后，由自己的销售人员走访终端客户，赠送小礼品，劝说药店、诊所从商业公司拿货，并提醒客户此产品正在省台做广告。由于促销力度增加，一些商业公司开始铺货。销售人员建议公司多组织一些推广会，以订货赠礼品刺激客户。王经理认为此招不错，商业公司也赞成。于是，大大小小的会议不断召开，产品销量开始上升。又一个半年过去了，正值冬日，该感冒药成了药企的拳头产品，销售人员逢客户就说：“这是我们的品牌产品。”

然而，王经理却多次遭到E药企老总的批评，老总拿出有关财务报表说：“看看吧，你们糟蹋了公司多少钱：老太太上镜头做广告的钱白花了，礼品钱和推广费远远大于产品盈利，还有你们的出差费太离谱了……”王经理有苦难言：“定了那么高的指标，我们不促销能行吗？”

正当王经理准备缩减各项成本费用时，他被再次调回车间，担任车间副主任，接替他的是原营销部门的副经理。该经理正准备大刀阔斧进行改革时，E药业为了缩减营销成本，将两个营销部门合二为一。

E药企权衡利弊后决定：暂时不再做单品种推广。公司延续老路，继续走上了可持续发展之路。近一年，E药企仍处于可持续发展状态，没有大的品牌突破，凭借良好的信誉和优良的产品质量，仍旧在市场上占有一席之地。但是，回首一年前的那场“品牌革命”，我们不得不遗憾：靠广告成就品牌并不现实，如何更准确地操控市场才是打造品牌的关键所在。

（本案由马鑫良提供）

专家会诊

柯华松：E药企的“品牌革命”之所以“失效”，错不能仅仅归咎于王经理，也不全因为内部管理混乱、频繁换人。我认为重要的原因在于浮躁，市场的浮躁、领导层的浮躁、经理人的浮躁。当整个企业都想速效速成、一夜成名、急功近利时，“品牌快餐”就没有市场了，因为消费者不愿意吃快餐了，还是老火靓汤好喝。

品牌快餐难啃

主持人：浮躁是怎么破坏这场“革命”的呢？

柯华松：在OTC市场，许多领导者认为，只要这个品类的市场足够大，只要敢于砸钱，最好还能请到明星代言、上央视，肯定能在短期内打造出品牌，轻易实现亿元销售，赚得盆满钵满。可惜，残酷的现实常常与美好的愿望背道而驰，本案例就是一个很好的证明。

首先，没有定位就没有品牌。E药企认为感冒药能走量，就匆匆上马，组建单品营销部门，找代言、上央视、压渠道、拉终端，全面开花，殊不知最走量的品类早已被几大品牌占据了，且竞争白热化。E药企的感冒药是中西药结合疗效好？是快速治感冒？是联合用药治感冒？是专治流行性感冒？还是专治儿童或老年人感冒？E药企高层领导没有调查，没有了解消费者，也没有为该感冒药给出一个明确、有效的品牌定位，因此，哪怕投入再多的广告费也极可能是“为他人作嫁衣裳”，失败是肯定的。

其次，没有聚焦就没有品牌。品牌是钉，聚焦是锤，锤子必须不停、专一地敲打钉子，才能将品牌牢牢地钉在消费者心智里，从而产生销售力。E药企在短短一年里，代言人从普通老太太换为影视明星，从央视转为地方台，从单品推广转为合二为一，以及营销经理、销售团队、推广区域、营销模式等的不确定、不专一都在为打造品牌减分。

最后，没有创新就没有品牌。上央视打广告不是药企成功的唯一原因，成功背后肯定有许多不为人知的创新，简单的复制注定永远跟在别人的屁股后面。通观E药企，无论是市场策划，还是销售推广，所谓赠送礼品、开订货会等都乏善可陈。OTC的营销更要依赖创新，不仅是市场品牌定位的创新，也包括地面推广队伍执行的创新。唯有创新才能赢得市场。

（原载于《医药经济报》，2009年8月20日）

品牌论语

品牌与创新

创新才能成就品牌，成为品牌后需要的只是维新。差异化、聚焦是创新的着力点，雷同、面面俱到没有出路。创新就是与众不同，哪怕4P中只有其中1P的差异。维新是在品牌核心不变的前提下的革新、变化，不是推倒重新再造。脑白金的广告投了十多年还是那句话，但表现形式却在变化。

品牌与渠道

品牌要么是广告强推倒逼渠道，要么是终端强势掌控顾客。品牌左右渠道，渠道推动品牌，真正的品牌能和渠道双赢，而不是“好卖的没钱赚，赚钱的不好卖”，这是因为品牌初起时重视渠道，品牌成功后忽略渠道，认为品牌会吸引顾客，所以才有终端拦截、成长天花板、品牌生命更替等现象。

品牌与价格

品牌多是高价，高价不一定是品牌，低价难成品牌。品牌的价格不在于多高，而在于稳定和合理价差。价格是品牌的代言人，消费者习惯把价格和品牌联系在一起。几百元的LV是赝品，茅台的价差曾经让经销商走后门预付款。很多企业注重品牌建设但不注重价格链构建，品牌决定价格，价格影响品牌。

品牌与定位

品牌之前是企业，之后是产品，手段是传播，核心是定位。定位是选择产品在消费者心智中的位置。定位始于产品止于顾客。一个品牌最好选择一个核心定位，一个核心概念代表一个品牌。品牌如生命会老去，定位也随之消失，再塑品牌需要再挖掘概念、再找位置。健力宝、三株再努力也不能和过去相比。

品牌与企业

一个品牌最好只背书一个企业，一个企业可以拥有多个品牌。顾客关心品牌多过关心企业，品牌是产品在消费者心智的定位，是概念；企业只是品牌的生产者或拥有者，是法人、组织。我们知道NIKE却不知在哪生产，知道脑白金却不知企业名字。但在中国，普遍情况是喜欢将一个品牌由集团所有企业共用。

品牌与广告

品牌是舟，广告是水，没有广告几乎不能成为品牌，但有广告也不一定能成为品牌。霸王凉茶没了，茅台葡萄酒来了，东鹏特饮包装广告都作了大的修改，先定位后广告。最近看到九朵玫瑰的广告，真不知是什么来着。最差的是地产广告，只有美轮美奂的画面，顾客最关心的价格、户型甚至地址都极力模糊淡化。

品牌与品种

近期广东的高温、台风、暴雨等恶劣天气给老百姓造成很大的损失，通过大众传媒看到W企业的爱心行动，但由于W企业的名称与产品易让人联想到W，而不是W别的产品，W的主打品种又用S品牌，使得公关赞助不能很好地为品牌加分、为销售服务，还好送的产品顾客会认知。因此，好名字+好产品+好运营=好品牌。

（作者：柯华松）

大健康品类须坚守四大原则

2013年的医药市场有点“冷”，大健康品类市场的竞争却越演越烈。

“王老吉”凉茶单品超百亿的销售，引来王老吉与加多宝之争；云南白药牙膏的跨界成功更让众多药企跃跃欲试；医院招标、药品降价已使药企穷于应付，而基药不断的扩点扩面，政府强力推动的医改，使越来越多的药企面临生存的抉择。如果没有优势的品种和良好的政府关系，产品销量的下跌、增长的困乏是必然的。笔者冥思苦想也数不出最近一两年通过广告成功销售过亿的OTC品牌，谋求新的出路自然而然转移到大健康。

今年3月在上海举办的第四届中国国际健康产品展览会的主办方为中国医药保

健品进出口商会，商会副会长刘张林指出，2013年我国大健康产业预计将接近2万亿，如此庞大的市场引得无数药企竞折腰，哈药集团的水饮料、同仁堂的美容护肤产品、昆明滇虹药业的中草药牙膏、江中制药的保健食品等已经踊跃面市；贵州百灵推出的胶原蛋白饮料更是花巨资请来巨星代言，但跨界真正成功的药企其实并不多。

抓住本质

大健康包括预防、保健、治疗和健康管理等产业链，可分为食品、化妆品、酒业、茶业、日用品、服务等行业。每个行业的本质都是不一样的，行业本质主要由三大要素形成，即品类属性本质、品类精神本质和需求发展本质。产品归属哪个行业、哪个品类？该品类的核心精神是什么？该品类的需求最新变化是什么？就像钻木取火是尊重事物的本质，而浇水取火是违反本质规律一样，发掘出行业的本质，才能使战略战术的靶点准确，否则就是无源之水。

例如，天士力集团大力发展大健康产业，通过实施“五个一”工程（即设计好一套健康管理方案，做好“一盒药、一瓶水、一杯茶、一瓶酒”），开创“水润、茶清、酒通、药和”的全新产品理念，为健康产品注入了新的活力。

精准定位

生产产品都是为了满足需求的，只有符合需求的产品才有市场，而基于产品核心竞争力的定位才是打造品牌的根本，因此，只有找到合适的、符合市场的、能满足消费者诉求的产品，才是跨界大健康发展的前提，便宜的产品也不能忽略。产品和定位相辅相成，要眼盯着产品、心想着消费者来为产品进行定位，精准的定位能使产品更容易获取消费者的芳心。跨界失败的原因大多数是用原来行业的标准对新行业的产品进行定位。

团队专业

专业的人做专业的事，表面上看成本高，实际上效率高、效果好，且会少走弯路少犯错。跨界大健康若要真正用心经营，必须要找到好的团队。好的运营来自专业的团队，他们懂得行业本质、品牌定位和运营规律。好的运营三要素：目标清晰、行动方案高效、不断跟进应变。公司的发展取决于拥有多少一流的人才，以及是否能让他们在一起进行良好的合作。企业的愿景、使命、价值观等都是通过运营把目标变为现实。

战略聚焦

战略能否落地依赖战术，其关键在于精准，跨界营销常常要采用聚焦策略，以点突破方能成功。广撒网全面开花只能是大玩家的游戏，要牢牢抓住一个

“点”，用全部的资源出击，把基点市场做深、做透。

很多药企进入大健康领域，抛不掉做药的思路与模式，总沿着药品行业的本质去生产和营销，所以能成功跨界的不多。笔者认为，能否在跨界的行业立足并做强做大，关键在于能否坚持上述四项原则。

（作者：柯华松，原载于《医药经济报》，2013年10月14日，原题为“跨界大健康，坚守四原则”）

跨界大健康的思考

大健康与区域突破

跨界品牌的战略能否落地，战术在区域突破。广撒网全面开花只能是大玩家的游戏，牢牢抓住一个“点”，用全部的资源出击，才可能成功。建立了根据地，星星之火才能燎原，最终是要把红旗插满大地。知易行难，很多决策者往往急于求成或贪大求全，草草上马快速下马，只因没“点”难破。

大健康与大运营

跨界大健康若只分出一个小团队来管理生产或招商，不足为谈。好的运营来自专业的团队，他们懂行业本质、品牌定位和运营规律。好的运营三要素：确定目标、行动方案、跟进应变。公司的发展取决于拥有多少一流的人才，以及是否能让他们在一起进行良好的合作。运营是把理想变为现实，要以人为本。

大健康与产品和定位

只有找到合适的、符合市场的、能满足消费者诉求的产品，才是跨界大健康大发展的前提，便宜的产品也不能忽略设计。产品和定位相辅相成，要盯着产品看着消费者来定位，精准的定位使产品更容易获取消费者的芳心。跨界失败的原因大多数是用原来行业的标准对待新行业的产品和定位。

大健康与行业本质

大健康包括预防、保健、治疗和健康管理等产业链，可分为食品、化妆品、酒业、日用品、服务等行业。每个行业的本质都是不一样的，行业本质主要由三大要素形成，即品类属性本质、品类精神本质和需求发展本质。钻木取火是尊重事物的本质，而浇水取火就违反了本质规律。本质背后是人性。

大健康与酒业

酒为百药之长，善行药势，直通血脉，用酒浸药治病古今依然。人们生病痛苦时才吃药，但在快乐或解闷时喝酒。酒是一种态度、情怀、文化，酒行业的本质是什么呢？就是卖文化。你的产品要符合酒文化的要求且能背书，否则产品的定位、定价等就是无源之水，终将断流。

大健康与大品牌

根据“四原则”分析加多宝（王老吉）10年成就大品牌的秘籍：发现了凉茶新品类，发现凉茶行业的本质不是治疗是预防，不是刚需是快消；最早王老吉的广告就是凉茶颗粒，品牌定位一脉相承；专业独立的团队运作使之脱胎换骨；从温州开始，从餐饮渠道着力以点带面进行突破。

大健康与大发展

很多药企进入大健康领域，抛不掉的是做药的思路与模式，所以能大发展的案例不多，没有起色甚至夭折的却不少。要在跨界的行业立足并能做强做大，必须坚持四项基本原则：发现并尊重行业本质；符合市场的产品和品牌定位；专业的团队运作与目标管理；以点带面的区域突破。

大健康

健康的生活方式，不仅是“治病”，更是“治未病”，让人们“生得优、活得长、不得病、少得病、病得晚、活得好、走得安”。将疾病预防、保健、治疗和健康管理融合成一条健康产业链。中国已成为过劳死第一大国；在中国生病了，有53.8%的人选择继续扛着；中国人的医疗花费：1元预防+8.5元治疗+100元急救。

（作者：柯华松）

基药品类的五大对策

年初，全国卫生工作会议明确指出：基层医疗卫生机构要全部配备使用基本药物，二级医院基本药物使用量和销售额都应有40%～50%，其中，县级医院综合改革试点县的二级医院应有50%，三级医院的基本药物销售额要有25%～30%；今年下半年，各省陆续出台了本省的基本药物增补目录，尽管国家卫计委下文要求各地严格把关地方增补的基药数量，合理遴选品种，已出台地方基药增补目录的广东、浙江、四川、青海、山西等省份中，山西省增补了198个品种，广东省增补了278种，各省份普遍增补250种左右，加上国家基药520种，基层医疗机构可使用的品种超过800种，若算上品规和通用名的话，数量和比例之大可想而知。

大半年过去了，基药推进的速度出乎想象的快，药企能做的只能是以变应变，以创新求发展。面对波涛汹涌的市场，蛮干没有机会，巧干讲究策略。

如根据基药来对药企进行分类的话，可以分为以下五类：

1. 有独家基药

未来几年，基药的市场规模将成倍增长，尤其是独家基药。

拥有独家基药的企业，必须继续加强三个方面的能力，使企业抓住发展的良机，成为行业的领头羊：一是政府事务的沟通处理协调能力，虽然进了基药目录，但还要过物价、招标的关口，因为入场券不等于座位票；二是营销能力，再好的产品也要营销，营销能力是在产品差异化不明显时的关键能力，如果不能处理好代理商、医生、医院等关系，要销量谈何容易；三是学术能力，无论是反商业贿赂的影响还是赤裸裸的带金销售，药品毕竟是讲疗效的，医生毕竟是专业的；不管是循证医学还是创新药理、科学的治疗路径，给患者一个结果，给医生一个理由，才能在学术的大道上畅通无阻。

2. 有众多基药

基药不是核心竞争力，只有独家的或有运作空间的基药才会产生大的效益。如果只是像板蓝根颗粒、阿莫西林胶囊等这样的普通基药，在新版GMP的条件下，有成本优势的企业才能脱颖而出。如果企业拥有的基药批文很多，就应该好好研究生产成本能否领先同行、产能是否容易扩大、最佳的营销策略是在本省或企业销售基础较好的省份，重点公关，不要全面开花，以价格和政府关系的优势，争取多品种中标，然后深度营销，把医疗机构的销量做上去。

3. 有独家非基药好品种

基药是解决基层医疗和基本需要的用药，治疗疾病还需要更多、更好、更专科的药品。医药行业作为高风险、高投入、高收益的行业，必须要有能成为“重磅炸弹”的药品才能一路绝尘，品种为王，无论是政策还是市场都将越来越欢迎这样的企业和产品。不要受短期竞争氛围不好的影响，继续加大研发力度，积极参与国际专利药的首仿、首创，才是当务之急。先声、正大天晴、康缘等药企已迈出了坚实的步伐，以养精蓄锐、厚积薄发取胜。

4. 有OTC亿元销售大品种

据统计，2013年的医药零售市场将超过2 000亿元。如果企业的优势是品牌OTC，那么就应聚焦OTC，通过品牌运作，加强渠道管控，增加终端利益，加强消费者教育，把现有的品种做强、做大。另外，在残酷的市场面前，肯定有遗珠，通过兼并、收购有批文资源的厂家，补充企业的短板，完善品种结构和市场结构，赢得竞争优势。

当然，跨界大健康也是一个出路，大健康产业市场规模巨大，增长速度快，经济越发展人们就越重视身体的健康，找到营利模式是核心。

5. 以上都没有的普药企业

如果是以上都不具备的中小企业，首先需慎重考虑生存问题，新版GMP迫在眉睫，需要大笔的资金。这样的企业，如果过去有积累，企业的当务之急应放在购买品种、批文，或者联合、重组上，使企业能适应市场竞争的需要，能够有资格、有条件参与竞争，寻找到活力。其次，为大型的企业加工，发挥产能、生产、提取等优势，做产业链的上游，也不失为一种选择。再次，转型大健康，保健品、食品的市场准入条件不高，作为药企，转型有质量、管理等优势。

（作者：柯华松，原载于《医药经济报》，2013年10月28日，原题为“以基药推演企业策略”）

如何破解招标难题

2014年，招标大年，在新版基药扩容后，基层用药市场的需求有望进一步释放，红利有望兑现。

随着2013年年底多个省市基本药物招标启动，采购有望在2014年一季度开始，基药红利逐步兑现。CFDA南方医药经济研究所预测，基层医疗终端市场增速仍居三大终端（医院、零售、基层）之首，预计在2014年仍将保持25%以上的增速。

基药结构性扩容

新医改以来，我国基层医疗获得巨大发展，形成了以城市社区卫生服务中心（站）和乡镇卫生院、村卫生室等为主体的基层医疗体系。十八届三中全会审议通过的《中共中央关于全面深化改革若干重大问题的决定》明确提出，要深化基层医疗卫生机构综合改革，健全网络化城乡基层医疗卫生服务运行机制。换言之，基层医疗机构将迎来发展机遇，人才资金短板有望弥补，硬件设施与管理水平将得以提高。

特别是去年全国卫生工作会议上明确指出，基层医疗卫生机构要全部配备使用基本药物，二级医院基本药物使用量和销售额都应有40%～50%。其中，县级医院综合改革试点县的二级医院应有50%左右，三级医院的基本药物销售额要有

25%～30%。此后，卫计委还多次提到要求各级医院严格执行基药使用比例。从上述政策导向看，未来基药市场规模有望迅速扩容。

“国务院办公厅印发《关于县级公立医院综合改革试点的意见》文件时，明确了县级公立医院综合改革的指导思想、目标、资源和措施，如果主要内容能够得到执行和落实，将大大改善医疗资源不平衡的状况，也将改变市场格局。”中国医药保健品股份有限公司医药工厂事业部总经理杜臣补充道。

由此看来，基层医疗的发展、基药制度的实施给基药生产企业带来的机遇将继续，优势基药品种能从基层市场蛋糕的重新划分中获益。

不过，新版基本药物目录大幅扩容，依然对当前医药市场格局造成冲击。一位关注招标多年的药企高管坦言，考虑当前各地基药数量增加，医保基金压力巨大，招标“重价”的主流取向，以及各省在限价、质量分层等指标上紧密地参照比对等一系列因素，基药价格持续下跌将会是趋势，很可能抵销掉部分市场扩容的规模。

同样备受关注的，还有新型城镇化带来的基药市场机遇。随着农村居民向城镇转移，驱动我国基层医疗市场需求持续释放，特别是县级医院将迎来快速发展的机遇。由于目前国内县级医院多是二级医院，按配套文件要求，基药配置比例较原来增加约10%。与此同时，城镇化使更多人的生活方式、生活习惯向城市人群转变，糖尿病、心脑血管疾病等慢性病或会蔓延，进而使基层市场用药需求发生变化。

本地优势继续

2014年基药市场的结构性变化，还凸显在地方增补目录上。就目前已公布地方增补目录的省市看，药企在当地目录上大都或多或少地获得一定扶持。如重庆，目录新增中药独家品种有80个，其中有9家本地企业，其中23个品种为独家，占了近三成；江西新基药目录增补中成药109个品种，其中的“独家品种+独家剂型+独家品规”共有84种，而这些独家或准独家的品种中，江西企业生产的产品达到36种；甘肃省的增补目录里本地企业有22个中成药品种，其中14个是独家。

地方增补偏好地区独家品种无疑让多家持有独家或准独家品种的公司成为最大受益方。而各地增补优先选择本地药企，一方面固然有支持和保护本地企业的意愿，评审专家对本地企业生产的药品较为熟悉，本地企业易获得投票；另一方面，即使是体现出卫计委严格控制增补品种决心的《基层药品增补“回头看”工作方案》，也依然有“确保纳入增补范围的品种（剂型、规格）既要符合遴选原则和要求，也要具有地方防治特色”的表述。而本地药企产品确实更容易与当地用药习惯吻合，因而使本地企业在基药增补选取中更有优势。

渤海证券也分析指出，钟爱本地独家品种可以降低流通成本，以此降低药价，另外也可以更好地掌控药品质量。

有业内人士指出，当前各省中成药大比例增补、独家品种居多以及地方保护等特点仍将延续，具有地方特色的增补目录将使基药整体市场趋于分散。对此，河南某药企基药经理坦言，企业必须结合考虑地方用药习惯和竞品企业在当地的实力，及早确定产品价格和相关因素，明确必须中标品种，及早制定产品策略。

事实上，在不少业内人士看来，基药实施程度和实施范围显著扩大，相近品种竞争加剧，企业综合实力如客户资源分布、经销商网络和代理商质量等可能导致竞争优、劣势明显分化。可以预见，产品结构理想、各级优势品种众多、基层营销网络健全、价格维护能力较好的企业将成为下一阶段基药竞争的受益者。

“军团式”学术推广

基药目录扩容、基药制度进一步巩固完善与扩大实施，都对现有普药产销体系构成新的冲击。不少药企开始调整产品组合和营销策略，对基层市场深度开发越来越重视，对基层渗透力度愈发加强。

“学术营销下沉仍会是未来基药营销的主要途径之一。”在某品牌中药企业负责基层推广的胡经理表示，当前依靠单一产品已经很难运作基层市场，从提高资源利用率角度考虑，企业更应考虑以主打产品为核心组成产品梯队进行推广。

广州良方营销策划有限公司董事长柯华松则认为，如果企业拥有的基药批文很多，最佳的营销策略是在本省或企业销售基础较好的省份，以价格和政府关系的优势，争取多品种中标，而后进行深度营销。

截至2013年9月底，全国共有基层医疗卫生机构91万个，其中社区卫生服务中心（站）3.4万个，乡镇卫生院3.7万个，村卫生室65.5万个，诊所（医务室）18.4万个。面对点多、线长、面广的基层医疗终端市场，有外企销售经理认为，传统的邀请医药领域权威专家下基层召开学术会议的模式，恐怕未必能使基层医生和专家真正互动，难以取得理想效果。

“不管是国家基本药物目录，还是各地基药增补目录，被纳入的独家产品，从医生角度几乎都可以找到其他替代品种。”在胡经理看来，入选独家品种并不意味着能一劳永逸，若不能有针对性地开展学术推广，依然有被替代的可能。他建议，基药独家品种更应该从学术层面塑造品牌价值，让产品的功能、治疗作用等品牌核心价值在广大基层医生心中留下印记。

哈药的市场部人士也表示，在宣传销售过程中不仅要将药物本身的功能主治告诉基层医生，更关键的是要讲解和培训药物新用法、新联合用药方式等。

（作者：李蕴明，原载于《医药经济报》，2014年1月6日，
原题为“招标大年，基层市场或继续分化”）

OTC还能怎么营销

最近，某医药专业杂志评选出2013年度十大中成药非处方药畅销品种：阿胶（山东东阿阿胶）、京都念慈庵枇杷膏、曹清华、阿胶（山东福胶集团）、云南白药、三九感冒灵、健胃消食片、古汉养生精、鸿茅药酒和气血和胶囊。我们姑且不论这次评选具有多大的权威性，但不可否认的是做OTC的同仁应该都知道这些产品，说明其销量还是不错的。这十大品种可以分为两类，一类是多年坚持打广告的品种，一类是最近打广告最猛烈的品种。除了广告，OTC还能怎么营销呢？

2009年开始的新医改，现在已经进入了医改的深水区，医药市场因医改而变，终端结构、营销模式等也随之而变。基药后，第三终端没当初那么受重视了，现在比较认同的是把终端分为招标终端与非招标终端；产品分招标产品与非招标产品；营销分基药营销与非基药营销；商业分基药配送商业与非基药配送商业。政策的导向深深地影响着市场，2012年药品零售市场规模虽然达到2 300亿元，药店数量超过45万家，但百强连锁集中度却下降到33.1%，而基层医疗终端的规模却从2008年的254亿元上升到2012年的703亿元，增长了将近1.8倍。由此可以判断，零售市场将更加市场化，OTC的门槛大大抬高，进入寡头竞争状态。一方是大企业大品牌大品种大广告的“土豪”，一方是代理低成本或差异化的产品作为药店首推的大连锁“豪绅”，两强明争暗斗共同推动OTC向前发展。前者俘虏了顾客，后者收获了利润。至于其他的OTC营销模式都只是星星点缀，只能在某一区域市场或细分市场生存，难以复制、难以做大做强。

让我们先共同回顾十多年来OTC的演变历程，以及所开创的营销模式。

OTC演变历程

1. 启蒙阶段

2000年以前，是OTC的启蒙阶段，药品分类管理刚刚开始，OTC市场混沌初开，市场还没有真正的OTC营销模式，销售以渠道为主，涉足终端推广的甚少，敢于先行一步投放广告的企业就会获得成功，因为那时的广告效果好，辅以全国性的网络，成就了一批企业和产品，白云山制药最早在电视投放药品广告，哈药集团的广告投入最大，他们都率先饮得头啖汤。

2. 成长阶段

2000—2005年，OTC进入成长阶段，OTC企业纷纷建立团队，开疆拓土，这时候的OTC营销模式以人海战术为主，辅以地面促销活动。其时，平价药店崛起，平价药店为了吸引顾客，打着挤压药价水分的大旗，品牌药纷纷被祭价，工商合作进入胶着状态。

3. 黄金五年

2005—2010年，是OTC发展的黄金五年，政府监管有进步但总体市场环境较宽松，医院招标唯低价，企业转向加大OTC市场的投入，消费需求不断放大，企业团队成熟，管理到位。工商博弈进入全新的阶段，连锁药店不再一味地打压抗拒品牌药，转为既卖品牌药，又选择自己的首推产品保利润。这个阶段OTC以终端拦截模式为主，连锁药店受国家政策的鼓励，攻城略地地快速扩张、迅猛发展，极大地提升了OTC的总体市场规模。

4. 转型生计

2010年后，新医改大力推广基药，终端格局发生变化，零售药店内交外困，备受人力和租金上涨的双重压力，医院市场零差价和医保报销的影响把顾客大量吸引到医疗机构，OTC步入成熟缓慢增长期，OTC模式以品牌带动深度分销为主，辅以整合营销手段，空中广告、地面促销、人员跟踪、连锁首推等全方位出击。OTC企业运营费用大幅度增加，塑造广告成本增大，OTC在转型升级中痛苦地成长着。

OTC营销模式

根据OTC的发展历程，可以归纳出OTC的营销模式主要为以下几种。

1. 广告拉动模式

通过大量的广告投入，教育消费者，创造消费需求，打造产品和企业品牌，实现销售。此模式一般是大财团或敢于冒险的企业惯用的模式，成本大、风险高，收益也大，是早期较为成功的模式。

2. 深度分销模式

建立销售团队，开展三级渠道管理，加强分销、促销、协销，建立起产品从厂家送达消费者手里的闭环，推动销售，是以品牌和队伍作为竞争优势的深度分销，是精耕细作的销售模式。

3. 终端直供模式

产品较多、成本较低、品牌不强的企业，绕开过多的商业层级，直接向零售终端供货，保证终端的利润，通过零售终端的首推主推实现产品的销售。终端直供模式可分为两种，一是大型药企招聘大量销售人员，层层承包经营，直接向药店供货；一是中小药企由于没有太强的营销能力，通过招商或代理商把产品供给连锁药店做代理首推。

4. 代理招商模式

曾经是很受中小企业欢迎的一种营销模式，它是以产品为纽带，按区域或按市场细分，通过全国药交会或电话招商，主要靠代理商自行销售，随着产品资源的稀缺性、渠道的扁平化、服务的终端化，这种模式更适合处方药的销售，而

OTC的销售既没有广告支持又欠缺终端的推广服务是很难成功的。

5. 系统驱动模式

这种模式一般为大型综合类的集团公司和外资企业所采用，其营销整体实力较强，既有医院队伍也有OTC队伍，有广告支持也有地面跟进，具有良好的产品力或完善的管理体系，不需要把宝都押在某一个产品或市场里，而是通过企业的综合系统驱动力，即品牌、产品、营销、顾客四轮驱动，不断研发新产品、满足新区域或开发新市场，成为源头活水式的经营模式，使企业发展持续稳定。

工厂不同的OTC营销模式也必然使零售连锁药店跟着变化，以适应厂家和消费者的需求。

针对终端的OTC营销模式有以下几种。

1. 服务营销模式

厂家以药店、社区为平台，通过会议、义诊、体检等形式向顾客提供增值服务，吸引顾客，当场交易。随着监管的严格，顾客变得理性，不易被忽悠，现在只有真正对消费者有价值的药学服务才能使这种模式继续坚持开展下去。

2. 专柜广告模式

一般是总代理商在销售区投入密集的广告拉动，在定点药店设立专人专柜进行销售；去年开展的广告整顿行动使这类不太正规的广告难以播放，广告效果差强人意，难以为继；同时，由于专柜的销售使销售点过小，不符合OTC购买的便利性，难以做久做大，该模式已日渐式微。

3. 定点驻店模式

针对批零结合的大卖场，厂家派出促销员，既能做宣传陈列活动等，又能直接销售自家的产品；这种模式曾经遍地开花，新劳动法的实施以及市场的变化使驻点效果变差，成本过高，这种模式也逐渐淡出市场了。

4. 连锁首推模式

厂家以较低价供货给连锁，满足连锁对利润的要求，连锁将产品作为重点品种给店员下达销售任务。由于连锁首推品种过多，执行力受挑战，能否完成厂家的销售任务，往往不是供应商能左右的，最终考量的还是厂家的产品和品牌。

5. 自然销售模式

由于产品的独特性、客情的关系性或品牌的基础性，厂家没有市场投入，在药店属于自然销售状态。特别是新版GSP的出台，促使更多的单体加盟连锁，连锁对采购的规范将加速这种模式走向衰落。

OTC百花齐放、你方唱罢我登场的情景似乎已经过去了，现在新品只有依靠广告拉动模式，只有有品牌、有基础销量的旧品还在继续采用深度分销模式，而广告拉动模式的高成本、高风险，非一般小企业能承受，深度分销模式更依赖品牌和团队，这无疑都大大提高了OTC的准入门槛。OTC营销，除了广告，还能做什么？OTC会向什么方向发展呢？

OTC发展趋势

OTC向上往大健康产业演变，向下往医疗机构拓展；OTC模式跟随OTC的演变，大健康以广告建立品牌为主，医疗终端销售以深度分销为主。那么作为OTC工厂企业，必须认清方向，首先要根据企业的产品结构和优势资源定好战略、搭建队伍，然后才选择营销模式，实现企业发展战略。鉴于国内OTC药企的现状，笔者认为可以从以下三个方面确定OTC的营销战略方符合OTC的发展趋势。

1. 专科用药的专业化发展战略

术业有专攻，以后小而全的企业没有竞争力，市场需要的是专业化，特别是小企业，错过了发展的黄金时期，今后只能在专业的某一个领域做成专家才有机会。

2. 普药精做的品牌化发展战略

老祖宗留下来的除了品牌就是市场基础，这是很多新企业没法比拟的，品牌带动的精耕细作还能继续走下去，关键在于“精做”。

3. 大健康类的差异化发展战略

选择了OTC，就是选择了和医院处方销售完全不同的发展战略，大健康符合OTC的本质，符合市场的变化，符合顾客的需求，成就一个品类就是成就了企业。

无论什么战略，必须要根据企业的产品进行构建，能使战略落地的方法就是好的战术。OTC是消费者可不经过医生处方，直接从药店购买的药品，而且是不用经过医疗专业人员指导便能安全使用的药品，是消费者可以说了算的，那么OTC的推广就无法离开广告，所以广告拉动模式和系统驱动模式是今后OTC的必然营销模式。要成就全国性的品牌，实现超亿元的OTC大品种，没有更好的模式可以替代，厂家要做的是深入研究4P，制定精准的营销对策。

要成为OTC大产品，产品必须具有独特性、差异性、高效性，否则产品的定位就是无源之水、无本之木。价格要具有稳定性、增长性、实惠性，价格链就是价值链、利益链，没有合理的利益分配难以保证客户的忠诚。渠道要有可控性、分销性、专属性，渠道是承接上下游的必不可少的环节，渠道乱则终端乱。促销的特性是传播性、低价性、间隔性的整合。OTC品牌的特点是高成本、高品质、高稳定，品牌最好有故事，有故事的品牌才能生生不息。要关注顾客的接受率、满意率、回头率，让顾客满意才能永远留住顾客，顾客是营销的最好资产。

未来不可预知，但OTC市场营销模式不管怎么变化，都离不开产品和顾客。市场变化万千，唯有紧紧瞄准目标顾客，找到一个符合需求的独特产品，建立团队，制定合理的价格链，管控渠道，有效促销，增加销售才符合OTC的发展方向，成就OTC大品牌。

OTC的门槛高了，过不了就是槛，过得了就是门。冬天要活下去，但更重要的是，春天到了，你还在。

（作者：柯华松，原载于《医药经济报》，2014年1月10日，原题为“OTC还能怎么卖”）

行业思考篇

HANGYE SIKAO PIAN

HANGYE SIKAO PIAN

社会分工细化，使得单项冠军更有生命力

药企兼并：1+1＞2

特邀嘉宾：王　强　深圳华润九新药业有限公司市场拓展部总监
李　磊　中国中药协会中药循证药物经济学专业委员会秘书长、北京康派特药物研究与临床评价中心主任
柯华松　广东良方药业有限公司总裁
孙　辉　西安汉丰药业有限公司市场总监

政策推力下的各方考量

出于扩大自身规模、满足产能需求、提升竞争力、符合产业政策等方面的考量，大企业开始走向兼并重组；而随着生存环境的恶化，小企业选择依附大企业则能为其提供生存保障。

《医药观察家》：政策的支持，在一定程度上推进了药企兼并重组的步伐，在您看来，政策对药企兼并重组有哪些影响？

王　强：政策从产品研发、生产及销售等环节对整个产业链提出了更严格的要求。比如对于新药审批，政府从研发阶段就开始控制新建产能；新版GMP也对药品生产环节设立了更高标准；而在销售环节，现行的招标政策也更倾向于大企业。这类政策便是国家引导大型企业和优秀企业进行兼并重组，规范和收紧行业多余产能的表现。

孙　辉：一方面，政策鼓励药企兼并重组，并提出“到2015年，销售收入过500亿的企业达5个以上，过100亿的企业达100个以上”的目标，这促进了大企业扩张兼并。但另一方面，新版GMP的实施，也使大多无法承担技改投入的小企业面临被兼并或淘汰的命运。

柯华松：正如上面两位嘉宾谈到的，政策对大药企进行兼并重组起到引导和促进作用，且随着政策的密集出台而愈加明显。但政策的过度强化打击了相对大企业而言更具创新性的中小企业，在某种程度上，这并不利于行业的发展。

《医药观察家》：在这种政策背景下，大企业开始走上兼并重组道路，部分中小企业也选择依附大企业，您认为他们各是出于怎样的考量？

王　强：政策环境的利好，迎来了大企业兼并重组的好时机。整体来看，大企业兼并重组的目的是：为扩大企业规模而进行财务兼并，为增加好品种的产能而进行产能兼并以及为达到优势互补而采取战略兼并。其中，战略兼并是未来优秀企业必选的并购方式。比如，某大企业有销售网络和产能优势，但相对缺乏好的研发品种，若其与有此品种储备或有一定研发优势的中小企业进行战略合作，可以形成优势互补，提升各自企业竞争力，这也是目前九新在寻找的一类企业。

而反过来，对于这类中小企业来说，随着政策环境的变化，被兼并也是一种机会：能使其继续将有限精力投入到专长的研发领域，为其带来市场上的直接回报；对于只具有产能优势的小企业，跟大企业合作则能有效处理其多余产能，有利于回笼不良资产的资金，同时对其招标也有帮助。

孙　辉：从政策角度看，企业兼并重组首先是为了符合国家的产业政策，扩大自身规模。同时，鉴于生存发展以及市场竞争的需要，通过兼并能获取丰富的产品组合、研发能力强大的团队以及现成的销售网络；对于遭遇生存困境的小企业来说，被兼并对解决其债务亏损、人员安置等现实问题都具有积极意义；对于需要提升竞争力的小企业来说，借助大企业的销售网络和品牌，可提高其市场占有率、企业话语权、市场影响力等，对其参与招投标也有帮助。

柯华松：我赞同孙总的观点，但对于被兼并的小企业来说，其实也存在一个不利，就是被兼并之后其命运将交由大企业掌管，失去了自主权。

《医药观察家》：无论是兼并其他企业，还是被兼并，您认为在此之前，企业需要做好哪些方面的准备？

王　强：成功兼并一个企业并不是简单地将其买下，这需要一套完整的机制，包括人员储备、工作方法等。所以在兼并之前，一定要将自身内功练好。在这个基础上，从阶段性发展需求出发来选择被兼并的企业。

孙　辉：除了拥有一套清晰的兼并思路、推进计划及必要的人员储备外，大企业在进行兼并之前进行详细的调研也必不可少。

柯华松：这其中非常重要的一点是时刻清楚自身企业走向兼并重组的目的，包括小企业，也需要认真考虑被兼并能否给自身带来发展所需的保障。

兼并过程中的融合难题

面对业务整合和文化整合的双重考验，企业需要根据兼并类型的不同，将双方业务优势互补。同时，对于被兼并方的文化，大企业需要秉承吸收和剔除的态度使之更好融合。

《医药观察家》：对于已走上兼并重组道路的企业，如何整合双方业务是第一个难题，请问双方在业务整合上应采取何种方式以达到1+1>2的效果？

柯华松：首先要定位发展战略，在这一基础上，形成优势互补。比如小企业被兼并后，要介入到其不擅长的业务领域，这时便需大企业派出高管和引路人强化小企业的此项业务；而对于小企业具有优势的业务，大企业则只需派副手进行协助。

孙　辉：企业在业务兼并过程中需要利用信息化管理方式来处理相对之前更为庞大的人员结构、产品梯队、销售网络。同时，制定并完善重要业务环节的系列举措，扬长避短将协同效应发挥到最大。

《医药观察家》：文化整合和业务整合有所不同，这其中有一个包容和舍弃的过程，在您看来，双方企业在文化上该如何整合？

王　强：首先，文化融合并不是简单地派“空降兵”到小企业，对其进行全面监管，就可以将融合一步到位；相反，它其实是一个有计划、有步骤且缓慢进行的过程。以华润为例，为了使被兼并方更容易接受新观念，其采取的做法是先转变被兼并方最高领导者的观念，再由其运用适合其企业的方式将新观念传递下去。另外，对于战略型并购，部分国外企业的做法是允许被兼并企业采取现有体制进行单独运营，除适当的支持和辅导外，并不过多干预其管理，并且还会适当吸收被兼并企业的文化亮点，这种做法充分保持了被兼并企业管理层的积极主动性。

柯华松：文化整合应根据兼并重组性质的不同而区别对待，首先，“强强”组合，其走到一起的前提是文化的相似，这种融合相对简单；其次，“强加大”组合，这里的“大”指销售利润较大，但并不具备强大竞争力的企业，这种企业一般文化流派较多，所以，除了要发挥强势企业的文化外，也要适当吸收这类企业的优势文化；另外，“强加弱”或“强加小”组合，此时的“弱”、“小”企业只能被动接受强势企业的文化，因为一个企业始终只能有一种主流 文化。

孙　辉：总体来讲，包容和稳定在文化整合中尤为重要，这需要双方通过多种手段及渠道加强交流和磨合，需要相互尊重、求同存异，在新企业的大愿景下共同成长。同时，从兼并准备期开始就注重双方各层面的沟通接触，这样可以留给双方充分的缓冲时间。

《医药观察家》：随着兼并重组的加速，未来行业的格局将怎样？请结合各大企业各自盘踞的“势力范围”作出预测。

王　强：在政策引导下，未来行业的发展必定走向集中化，逐渐形成一些全国性集团企业，比如国控、华润、上药等全国性的覆盖商业、工厂的综合性集团企业。另外也会有一批地域性的“霸主”企业生存下来。

柯华松：由于中国市场太过庞大以及各类区域政策、政府关系的不同，在未来5～10年，会形成全国性的寡头大公司加区域性有独特竞争力的小公司的格局。

孙　辉：未来行业“多、小、散、乱”的现状会得到很大改善，行业快速发展，千亿规模且掌握众多资源的国字头医药巨擘将会出现。同时，随着外企兼并的介入，国内医药市场的竞争强度也会进一步加剧。

政策完善仍是关键

近年来，国家出台了众多措施以提高行业集中度，支持药企兼并重组，但从整个环境来看，药企进行兼并重组前景很光明，现状却堪忧。

可以说，医药行业是一个非常特殊的行业，它是个关乎民生的，带有公益性质且具备市场经济和商品经济属性的行业。这种特殊性具体表现为：中央政府和地方政府的博弈，公立医疗机构和医疗工厂的博弈，商业企业和工厂企业的博弈等方面。此特殊性也决定了政策对其兼并重组影响的巨大。

具体而言，如今存在众多问题的政策导致“大企业做不强，小企业做不垮”。这类政策包括：第一，药品价格政策。药品价格政策与整个行业发展不匹配，且没有突出优势企业、优秀产品的独特价值，这让众多大型企业的好品种很受伤。第二，招标政策。唯低价是取的方式大大限制了产业发展。另外一个便是新版GMP认证。由于政策没有给众多无法承担技改压力的小企业一个合理的退出机制，使其产品无法形成产业转移，在行业内“守法成本太高、违法成本太低”的现状下，这类企业便采取违法途径来生存。

这种环境下，大型企业进行产业聚集时，往往只能并购回来一大堆固定资产，而不是优秀的团队和产品，不能与自身企业形成有效的优势互补，不仅无法提升企业核心竞争力，同时还增加了并购成本，降低了并购成功率，行业现状不容乐观。

当前看来，政策的完善非常关键，在政策逐渐明朗的前提下，药企兼并重组的道路也将逐渐清晰。在未来，民营工厂企业和国营商业企业的规模将越来越大，而小商业和小工厂将逐渐弱化，甚至淘汰。对于小企业来讲，当务之急是与大企业进行合作；另外，产品在临床等方面有独特优势的创新型企业也将获得较大发展。所以，对于当前没有规模优势的企业来说，最重要的不是发展一大堆产品品种，而是发展几个有特征的独具优势的品种，这才是其继续发展的方向和获得生存的保障。

（原载于《医药观察家》，2012年11月6日）

新版GSP落地之“困”

近段时间，新版GSP一直都是行业热议的焦点。从2月正式颁布以来，整个行业紧锣密鼓地筹备应对，新版GSP给整个行业掀起的涟漪正在不断扩大，在筹备过程中，业界都遇到哪些疑惑呢？其执行的难点在哪里？随着新版GSP的出台，医药行业在未来3年真的会发生翻天覆地的变化吗？

主持人：朱绍辉　陈小芳

嘉　宾：李　能　湖南养天和集团总裁

柯华松　广东良方药业有限公司总裁

任光会　中康资讯首席技术官/MDC主任

苏　虹　辽宁天士力大药房有限公司执业药师

徐建平　武汉马应龙大药房连锁有限公司副总经理

张凌辉　全国医药技术协会副秘书长

更细化、操作性更强

《第一药店》：对比新旧版GSP，你认为两者最大的区别在哪里？

李能：两者的主要区别有两点，一方面，新版GSP标准提高，包括针对医药经营企业突出供应链全程管控概念，强化冷链管理概念、储运温湿度自动化监控概念及执业药师驻店要求等。

另一方面，新版GSP的细则较以往更加明确，增强了企业可操作性，也促进了企业的现代化管理。以经营记录为例，多年来，药品经营企业在经营活动中一直沿用手工记账，委托加工纸质文件传递的传统管理方式。但随着信息技术的发展，许多企业已经开始尝试使用计算机管理，某些龙头企业甚至在仓库中加入了自动监测、记录和调控等功能，运用新增的设施设备和科技手段，使企业享受到现代化管理所带来的便利和好处，避免手工操作可能带来的失误。

成本激增望政策让利

《第一药店》：根据食药总局的“三定方案”，未来药品经营行政许可将与GSP认证整合为一项行政许可，那么从目前来看，医药企业需要做好哪些准备？同时希望获得哪些支持？

柯华松：在我看来，要使新版GSP完全落地，在细节的执行上，相关政府部门还需作出某些微调，以符合整个行业的实际情况。以冷链管理为例，新版GSP从药品的出厂、运输，到销售环节，都有极高的要求，这的确能保证药品的质量，但在某些情况下，却有多此一举之嫌。

具体而言，对于生物制品、血液制品等药品来说，全程冷链保管是必需的，因为其一旦离开特殊的环境，产品质量就容易发生变化。但对于大部分OTC药物来说，以板蓝根为例，其生产、出厂的过程根本就没有涉及冷链保管，如果硬要批发企业和零售企业建立24小时的温湿度恒定的仓库，不但消耗企业资金，也会浪费社会资源。

张凌辉：在我看来，做好信息化系统构建工作，是企业首要任务。细看新版GSP，可以发现其对行业提出的仓储、运输、销售管理要求，都与信息化系统有密切关系，因此，做好信息化平台的建设工作，能使整个流程更为流畅，强化各个部分的协调性，加强不同系统之间的无缝对接。

同时，相关政府部门不能只要求企业付出，还应为有能力达到标准，以及已经达到标准的企业提供各种便利和让利措施。如让达标企业的商业功能得到延伸，能提供其他增值服务。具体来说，除了药品分销的服务以外，所有上下游需要的、能开发的、跟业务有直接或间接联系的服务，都可以叫增值服务，例如第三方配送资格等。

《第一药店》：根据新版GSP要求，未来药品经营企业必须对全供应链进行管理，包括对零售药店的仓储、运输、销售全程进行管理，那么在这些环节中，未来医药企业将碰到哪些问题？

徐建平：对于大型连锁零售企业，要配备这些设备并不是困难的事。目前，作为武汉的龙头企业，我们在相关部门的带领和指导下，已经开始投入资金，建设能24小时进行温湿度自动监测的药品仓库，而按照300平方米内需配备一个摄像头的要求，我们还购买了20个摄像头，以对仓库进行全程监控。除此以外，全面推行企业计算机信息化管理，也已经在我们的日程中。

但对于小型连锁企业而言，要升级设备，则显得不太实际，很多药店的仓库都是普通的居民住房，而配送则更多是通过快递公司、搬家公司甚至自家的面包车等社会物流完成，要他们按照新版GSP配备众多设备，恐怕难以实现。

柯华松：落实新版GSP的难点有两个，一是资金的投入。就如刚才徐总所言，国内大型企业如华润、上药等国企及少数实力雄厚的民营企业，有条件来达到新版GSP的要求，但大部分中小型连锁企业还是难以腾出资金。

二是即便企业能一次性对硬件设备进行改造和构建，但其日常运营中所产生的成本和维护费用，也十分高昂。以24小时温湿度自动监测的药品仓库为例，在广东地区，夏天的温度高达40摄氏度，要使仓库温湿度24小时保持阴凉干燥，企业必须投入大量的人力和物力进行检测和维护，其电力成本、人员成本、设备更新和折旧成本，对任何企业来说都是重大资金压力。

远程审方只是过渡措施

《第一药店》：在软件要求上，在专业人员板块方面，医药企业面临什么样的挑战？

任光会：新版GSP，不仅对企业，还对药品经营企业负责人、药师、执业药师、质量管理、验收及养护人员等不同岗位，提出了学历、专业和工作经验上的要求。按照目前的行业情况，要企业完全满足这方面的要求，实在比较困难。

以执业药师为例，政府部门所提供的数据显示，目前全国执业药师总数约20万人，其中相当一部分人在各大医院、制药企业、政府机关以及科研单位中工作；而全国药店总数超过42万家。因此据我估计，能够在全国42万家药店工作的执业药师，仅有不到10万。也就是说，如果未来几年内全国药店总数一家不增，3年中执业药师的缺口也在30万人以上。

与这个缺口相比，培养执业药师的速度却很慢。如果按照以往正常的培养速度，每年国内通过考核的执业药师只有数千人，即便每年培养1万名执业药师，3年后与主管部门的要求也相去甚远。显然，专业人员的缺失在未来依然是行业的最重要问题。

《第一药店》：针对当前的专业人才缺口，企业从自身出发，有什么样的应对措施？

李　能：在政策欠缺具体执行或配套措施，未来不太可能执行到位的情况下，运用行业力量，借助网络技术，分阶段突破人才瓶颈，就显得尤为重要。

以长沙市的药品零售企业为例，在长沙药品流通协会的带领下，行业通过近一年的组织和尝试，摸索出一套系统的远程审方系统平台，运用光纤网络和高清摄像头，使执业药师能够在总部的远程审方室中为顾客提供远程审方和药师服务，以满足未来每个门店必须驻有执业药师的政策要求。此方法如今已总结为《长沙市药品零售企业设置实施细则（暂行）》（以下简称《细则》），并于今年3月正式执行，目前，《细则》的执行已经在长沙连锁药店全面铺开，并得到行业的支持，取得了不错的反响和成绩。但必须指出，远程审方系统只是一个过渡性措施，是一种在无力满足政策要求时的务实做法，长远来说，行业还须加强对专业人才的重视和培养。

苏　虹：按照目前政策环境的趋势，未来药店必须配备1～2名执业药师，但现实无法回避执业药师资源紧缺的问题，因此，借助远程审方系统，满足政策要求，也无可厚非。但我担心，如果企业抱着借助科技力量，就能达到政策要求的心态，长远来说会影响执业药师及专业人才团队培训工作。因为在技术的帮助下，执业药师配备有望减少，使企业的成本支出得以降低，连锁对执业药师的重视程度很可能会下降。直接的影响可能是连锁降低对这方面人才培养的投入，执业药师薪资福利待遇提高的空间会受到压缩。同时，连锁内部员工参加执业药师资质考试的热情可能由此降低，转而向其他专业职能的方向发展。所以我个人认为，从长远来说，企业继续加大对专业人才团队的建设力度，强化零售业人员的专业教育，不要让各种培训流于形式，同时提高专业人才的福利待遇，才是正道。

执行决心影响行业格局

《第一药店》：既然新版GSP对医药经营企业在软硬件上提出了极高的要求，那随着新版GSP的执行，行业长远来说将会发生什么变化？

徐建平：新版GSP在未来如果能够落实到位，对于区域强势连锁和全国连锁企业来说，当然是个好事。早在新版GSP传出风声之时，业内已经有一部分单体店由于担忧未来经营成本上升，市场空间有限，要么考虑通过出售的形式退出市场，要么考虑以加盟的形式踏上连锁快车，谋求生存。随着新版GSP的出台，这方面趋势愈加明显。

但趋势毕竟还未变成现实，要使行业集中度真的能够提高，还需政府相关部门强力执行法律法规。与旧版GSP相比，新版GSP的要求的确提高了很多，但在目前，旧版GSP在行业内真正执行到位了吗？假若未能，业内真的能在三年后按照新版GSP的要求经营吗？因此，政府相关部门的决心和执行力，才是行业未来格局变化的关键。

（原载于《第一药店》，2013年4月22日，
原题为“新版GSP：落地之‘困’”）

OTC广告：大众？专业

主 持 人：肖志飞　《21世纪药店》报记者
本期嘉宾：李汉辉　重庆市万和药房连锁有限公司总经理
高普才　北京德兴隆医药管理咨询公司首席顾问
柯华松　广东良方药业有限公司总裁

最近，正在修订的《药品广告审查办法》拟禁止非处方药（OTC）在大众媒体上发布广告一事成了业界关注的焦点。事实上，自2002年药品分类管理实施以来，政府对OTC药物的管理一直处于谨慎之中，甚至还一度关闭了处方药转OTC的审批之门长达3年之久。为什么？因为药品是特殊商品。虽然OTC品种安全性相对较高，但是药三分毒，万万不可掉以轻心。面对近年来药品安全事件不断、违法药品广告泛滥的严峻现实，药监部门严管药品市场当属特殊情况下的特别之举。

据了解，拟修订的内容是：“含有药品名称、药品适应证（功能主治）或者与药品有关的其他内容的，为药品广告。药品必须在国务院卫生行政部门和国务院食品药品监督管理部门共同指定的医学、药学专业刊物上发布广告，不得在大众传播媒介发布广告或者以其他方式进行以公众为对象的广告宣传。”

看得出，如此修订的目的是为了突出药品的特殊性和专业性特征，杜绝违法药品广告夸大疗效、误导用药等行为。消息传出，我们至少可以看到三种反应：

饱受药品广告，特别是恶俗药品广告骚扰的读者拍手称快；部分社会“公知”、医药专业人士以及受过违法广告欺骗的消费者表示理解和支持；而靠大众媒体广告拉动销售的OTC药企则坚决反对。

也有人认为，OTC广告的效果越来越差，投入产出比不断走低，如果能将现在的广告费用用于专业化的药学服务和终端品牌打造，将营销主阵地从广告转向终端，效果可能会更好。对此你有什么看法？你如何看待大众媒体上的OTC广告？

严格制度与强化监管

主持人：制定《药品广告审查办法》的目的之一，是为了防止违法药品广告的出现，确保人民群众的用药安全。而当前违法药品广告如此猖獗，说明按现有的“审查办法”无法达到目的。你认为禁止OTC广告在大众媒体上发布对减少违法药品广告有用吗？如果不进一步严格“审查办法”，还有其他更好的办法来控制违法药品广告的泛滥吗？

李汉辉：既然是“审查办法”，就肯定有限制。限制到什么程度，当然要看市场秩序和规范情况。违法率高，严格限制是必然选择。我个人担心的不是制度严格的问题，而是制度出来后有法可依了，政府如何加强监管的问题。再严格的制度，只要公平公正，大家同等博弈，就没什么可怕的。我认为要提倡有效监管，要加强行业自律，加大处罚力度，从根本上解决问题。为什么美国对药品广告的管理比较宽松而市场秩序那么好？主要是靠行业自律，处罚力度也很大。美国企业一旦出现违规行为，受到的处罚是相当严厉的。

高普才：禁止大众媒体发布OTC广告，不能从根本上杜绝违法广告的出现。广告包括三个部分：广告主体、传播途径、受众群体。也就是大家常说的：谁在做广告，广告在哪里做，广告给谁。禁止在大众媒体发布OTC广告，仅仅切断了制药企业（广告主体）与消费者（广告受体）之间的媒体传播路径，违法传播的途径还有很多。

制药企业是广告管理的核心和重点。既然广告是你策划和发布的，广告出现违规或违法问题，广告主体应承担主要责任，不能仅仅罚款，而要禁止其在大众媒体上发布广告；其次应由行政部门、临床专家、行业专家、消费者共同对OTC广告进行审核，因为广告本身是科学与艺术的结合体；另外，还应建立广告主体诚信档案，在权威机构网站，适时公布违法制药企业及其产品名录。对多次发布违法药品广告信息的媒体，也应禁止其发布OTC广告。建立诚信媒体、诚信企业、诚信药店，才能让消费者买到放心的药品。

柯华松：禁止OTC广告在大众媒体上发布当然会减少违法药品广告，但这不利于OTC市场的发展。同时，上有政策下有对策，新的违法广告会披着不同的外衣出现，其危害性会更大。新医改明确指出患者大病不出县、小病自我药疗，没有具有责任感的品牌OTC企业对消费者展开教育，很难让科学、合理用药的观念深入人心。所以，要控制违法药品广告，最好的办法是加强监管，加大处罚力度，甚至把发布广告的大众媒体也纳入监管体系，对不严格按照药监部门审批内容发布的，除给予重罚外，严重者还应通告相关职能部门，取消其发布药品广告的资格。

选择性发布与消费者教育

主持人：有人认为，大众媒体上的药品广告在树立品牌、引导购买、促进销售的同时，也为消费者教育和药学知识普及作出了贡献。但不可否认的是，现在大部分药品广告是在选择性地传递疾病治疗、药品适应证等信息。这类极不完整，而且是以扩大销售为前提的信息，算得上是真正意义上的消费者教育和药学知识普及吗?

李汉辉：由于广告费用高企，确实存在部分药企选择性地发布有利于销售的卖点进行传播的现象，这肯定会造成信息的不对称，甚至对消费者产生误导。事实上，以扩大销售为前提的信息传播，并不是真正意义上的消费者教育和药学知识普及。这应该是拟禁止药品大众媒体广告的重要原因之一吧。正因为一些药品广告对药品信息的选择性发布，无疑会产生一些安全、合理用药的隐患，这就要求监管部门必须在审批上给予严格审查。在违法率居高不下的市场环境中，政府暂时禁止药品在大众媒体上发布广告的行为是可以理解的，也是必需的。

高普才：不要希望每一位医药企业家都是慈善家。企业是需要赚取利润的，同时取得的经济效益和社会效益，经济效益是基础。事实上，药品广告几乎没有传播疾病治疗、适应证等信息的职能。制药企业在有限的广告时间和版面内，需要将药品的消费者利益、药品功效、产品属性、企业品牌都描述清楚，不会拿出昂贵的媒体费用来教育消费者如何诊断、治疗疾病。同时，任何药品都不能治疗所有人的某一种疾病，个体有差异，治疗效果也就不一样；消费者首先应诊断，然后对症治疗；消费者可以自主购买OTC药品，但绝对不可以自我诊断治疗。只要知道这个道理，消费者才不会盲目按照广告信息治疗疾病。

柯华松：真正销量大的OTC品种，主要集中在感冒、咳嗽、肠胃、外用药等品类。众所周知，城市的消费者由于文化程度较高，接受方方面面的信息和消费教育多，他们在购买药品时会很理性；而农村消费者受药店店员的影响更大，备受诟病的药店首推，考虑最多的仍然是药店的利润。如果有负责任的品牌企业站出来，传播正面的好声音，难道不是一件好事?

阶段性严管与未来趋势

主持人：很明显，现在对禁止持强烈反对意见的基本上都是在大众媒体上大量投放OTC广告的药企，也就是禁止前的既得利益者。因此有人认为：禁止，是为了老百姓的用药安全免受或者少受违法药品广告的干扰，维护广大消费者的利益；反对禁止，是为了企业利益，是对当前药品市场环境下严峻的安全用药形势的漠不关心。你对此有何看法？

高普才：不能简单地用非此即彼的方式来看待赞成和反对的观点。第一，企业和消费者不是对立关系，企业在想尽办法争取消费者的信任。第二，消费者在大众媒体上得到的药品信息不可靠，难道从其他途径得到的信息就可靠吗？

中国的现实状况是，4 700多家制药企业，其中70%的制药企业销售额不足1个亿。生存的形势非常严峻，有些企业为了短期利益和眼下生存，利用违法广告进行产品销售，这些制药企业严重地扰乱了市场环境。在百强制药企业中，我相信绝大多数的制药企业不仅考虑生存问题，还考虑长远发展和品牌建设问题。这些企业也有很多产品在做广告，也是广告的受益者，但更是维护中国制药企业信誉和产品质量的中坚力量。

柯华松：OTC市场是一个开放的市场，有资金、有品种、有意愿的都可以上台唱戏。这里没有既得利益者，市场格局也并非固若金汤，OTC药企一直以来都是胜者为王，各领风骚三五年。这就是市场，这就是竞争。我一直认为主流的OTC广告是好的，不能让劣币驱逐良币。

李汉辉：个人觉得，用禁止的方式来封堵非法药品广告的做法只能是权宜之计，肯定不会长期如此。随着市场诚信体系、法规制度体系的完善和市场环境的好转，开放药品广告管理是必然趋势。但在当前，医药企业也必须认清形势，早作打算，加强和药店终端的合作，加强地面和终端的推广。如积极参与药店店员产品知识培训活动、经常去社区开展义诊及加强消费者教育等，都是一些应对OTC广告政策变化的好办法。

（原载于《21世纪药店》报，2012年10月22日）

药企营销生态面临新改变

一场围绕OTC药品广告禁令的各方角力，仍在进行。从传闻乍起时的慌乱到研讨会上集体反对，再到现今多数观望，OTC药企的态度呈现过山车之势。

这一情形仿佛昨日重现，十余年前，处方药被禁止在大众媒体上投放广告，在业界同样喧嚣一片，但最终得以实行。

不可否认的是OTC药品多带有大众消费品的属性，在传播上与大众媒体紧密相连。江中药业、哈药股份、云南白药、华润三九等OTC药企能够在短时间内迅速崛起，其在大众媒体上连番轰炸的广告功不可没。

但不论禁令施行与否，药企曾经情有独钟的传统媒体及营销生态正在面临新的改变，而这也对其营销策略提出了新的挑战。

变数与观望

10月11日，在南方一家以OTC产品为主的大型药企的公司例会上，其市场部负责人就拟禁止OTC药品（即非处方药）在大众媒体上发布广告一事做了简要说明，但并未展开来谈。

事件源于9月27日，多家媒体报道称SFDA（国家食品药品监督管理局的简称）正在酝酿《药品广告审查办法》的修订稿，修订方向为禁止OTC药品在大众媒体上发布广告，只能在指定的专业媒体上发布广告。紧接着，修订稿的首页内容也被公布在微博上。各界哗然。

9月28日早上，康美药业OTC事业部总经理李从选表示，OTC药品广告禁令会促使药店自己的贴牌品种横行，而做贴牌的都是小厂家，且药店要的毛利高，药品质量将难以保证，另外，OTC做品牌是有品牌溢价的，不能做了，也就很难成为全国品牌，药企的发展和集中度提升将受到限制。

当天下午，关于这一修订方案的研讨会在北京如期召开。参会人员有三方，为SFDA、中国非处方药物协会和近30家药企。

据媒体报道以及中国非处方药物协会工作人员回忆，在研讨会上，药企代表提出了一些建议，SFDA回复称："当时没有得出结论，只是初步沟通。"中国非处方药物协会工作人员表示，目前没有一个定论，作为旁听者，对于修订稿的实施与否，他们也无法判断。

但同时，该工作人员又认为，修订稿不会草率出台。就他个人而言，"政策出台是不可避免的，只不过是一个时间问题"。

事实上，对于禁令会否实施，业界有不同的声音。

资深医药广告人、引力传媒股份有限公司医药事业部总经理刘泽辉在10月10日透露，关于OTC药品在大众媒体上的广告，"据说有60%的禁播可能"。

戏剧性的是，在同一天晚上8点前，另一位资深医药广告人、北京思享广告有限公司总经理李卫民通过微博公开表示：刚听到内部消息，因出台后遭到巨大反对声音和大量质疑，关于不许OTC品牌在大众媒体打广告的提议已经暂停了。

同时SFDA新闻处工作人员表示，他们还没有接到修订稿暂停的消息，关于《药品广告审查办法》，目前还在征求各方意见中，没有最新进展。

SFDA曾对媒体进行书面回复，称修订稿是以"为严格药品广告监管，规范药品广告发布，制止利用违法药品广告损害广大消费者利益的行为"为目的的，并在研讨会上披露，我国的违法药品广告包括假药和超适应证宣传情况十分猖獗，严重违法广告率已高达58.2%。

尽管多数业内人士表示出对此数据的怀疑，但都不得不承认已查处的违法药品广告次数之多。

西安汉丰药业有限责任公司市场总监孙辉认为，出现这个动向，主要是这些年OTC广告夸大功能及虚假宣传太多，仅2012年第一期曝光的就有3万余例，药品及广告质量良莠不齐、鱼龙混杂。因虚假广告误导，每年约有250万人“吃错药”，一般来讲，大品牌药企的产品更有保证。

刘泽辉表示：“违法广告不过是个幌子，最关键是想让OTC药品降价。不是广告降价，是药品降价。”他表示，OTC药品广告费用一般会有5%~10%转嫁到药品价格中。

但广东良方药业有限公司总裁柯华松表示出不同看法，虽然广告会增加OTC药品的营销成本，但是很多OTC药品的价格是发改委和物价局在管理，比如基本药物板蓝根的零售价，国家已经固定了，即便投放广告也不能超出这个价格。

事实上，早在9月24日，刘泽辉便在微博中提及有关修订稿的疑惑，并称已下发讨论，OTC协会（即中国非处方药物协会）正邀请30余家企业来京协商对策，并积极与相关部门沟通。

几天后媒体的报道、研讨会的召开，致使修订稿的讨论与争议急剧沸腾，而随后开始的七天小长假又使争议热度有所缓和，经历了研讨会上激烈争辩的药企们，现在大都选择沉默，对事件呈现出观望的态度。

据媒体报道，在研讨会上首位发言的是西安杨森的媒介总监高峰。而在截稿前第三天，西安杨森的公关部负责人表示公司目前没有对这方面的回应。

尽管此前曾有人表示修订稿通过的可能性较大，但多数药企在担忧的同时，也表现出相对乐观的态度，除在研讨会中向SFDA积极争取外，并没有大刀阔斧的举动。

上述南方一家大型药企的相关负责人也表示，他们正在关注事态的发展，但目前还是按照正常的规划来执行，至于备选方案，还没有成形。

事实上，关于禁止OTC药品在大众媒体上发布广告的建议，早在多年前就已被提出。

为了加强处方药的管理、规范非处方药的监管，SFDA于1999年6月发布《处方药与非处方药分类管理办法（试行）》，并于2001年1月1日起施行。该《办法》第十二条明确规定，处方药只准在专业性医药报刊进行广告宣传，非处方药经审批可以在大众传播媒介进行广告宣传。

据一位从事医药市场推广20余年的业内人士透露，在讨论禁止处方药做大众媒体广告的时候，就有人提出一并禁止OTC药品在大众媒体上发布广告，“当时通过了处方药的决议，而没有通过OTC药品的”。

究其原因，该业内人士分析称，经过讨论，认为OTC药品广告还有一定的市场需求，“这是一个利益角力的过程”。

在之后的许多年里，“一直有人提，但声音不大，这次是声音比较大了，所以才动真格了。”该业内人士说。

从“两片”到“哈药模式”

通常来讲，OTC药品广告的发布渠道有电视台、电台、平面媒体、新媒体等。其中以电视广告投放为主。

安邦咨询医药行业分析师夏庆表示，由于老百姓可以自由选择OTC药品，为了提高销量和品牌知名度，OTC药企们心甘情愿地花重金在各大媒体上发布广告，这已是司空见惯的营销方式。

而OTC药品广告登上国内电视荧屏已有20多年。

中国健康教育中心工作人员吴穷表示，中美史克（中美天津史克制药有限公司的简称）的“两片”打开了国内OTC药品电视广告的先河。

公开资料显示，1987年，中美史克将OTC药品史克肠虫清引进中国市场，并在国人对广告稍显陌生的情况下，将史克肠虫清称为“两片”，在中央电视台以及其他媒体上发布广告。有记载称，那段时间，说“两片”几乎成为人们街头巷尾见面的口头语。中美史克一炮打响，“两片”卖得火爆。

趁着史克肠虫清广告的火热，一些经济实力较弱的小型药企搭上了“顺风车”。“小企业在没有办法的情况下，用了一种我们认为不太道德的做法。”吴穷说，有些小企业将产品名称改为月易虫清，乍看像是“肠虫清”，“不能说它是假药”，但这样的做法实在不算厚道，可是“这样的企业很多”。

继中美史克的“两片”之后，接连以电视广告形式出现的是西安杨森的息斯敏、达克宁、吗丁啉等。吴穷表示，这些都属于第一批以电视广告方式出现的OTC药品。

一份公开的《1991年西安杨森广告综合调查报告》显示，当时，息斯敏的患者用药率为36.6%，达克宁为35.4%。息斯敏和达克宁在市场开拓上获得明显成功，不仅为消费者所接受，而且已经在同类药品中上升为主要地位，开始超过传统药品。

而广告在提高二者的产品知名度和实际销售中也发挥了重要作用。这两种药品的产品知名度在当时分别达到44.4%和36.1%。

但是随后几年，抗过敏药息斯敏被陆续发现会产生不良反应，最终因饱受争议而在部分国家和地区退市。其电视广告也随之消失。

据吴穷介绍，一般来讲主动停播电视广告的企业有几种情况：一种情况是企业认为市场已经被满足；另一种情况则是随电视广告费用不断上涨，性价比不合算；还有一种比较极端的例子则是产品退市。

在OTC药品广告逐渐变得热门的时候，1998年，国内首个处方药电视广告出现，是辉瑞公司的活络喜。但只是“昙花一现”。处方药很快被禁止在大众媒体上发布广告。

按照《处方药与非处方药分类管理办法（试行）》，消费者有权自主选购非处方药，而处方药则必须凭执业医师或执业助理医师处方才可调配、购买和使用。

非处方药直接面对消费者，而处方药的推广需要医师这座桥梁，这在一定程度上决定了二者的传播渠道会有所不同。

OTC药品电视广告的发展并没有受到处方药广告禁令的影响，而是愈发高涨。在赫赫有名的“哈药模式”之前，济南三株福尔制药有限公司生产的三株口服液曾因广告投放而“名震一时”。

严格意义上讲，三株口服液算不上OTC药品，而是保健食品。之所以提及它，是因为在1995年，广东省卫生厅曾发布《关于吊销三株口服液药品广告批准文号的通知》，称济南三株保健品厂在《珠江经济信息报》上刊登的药品广告，超越了《药品广告审批表》审批的内容。

虚假广告宣传，这是三株口服液最终走向失败的开始。即便在此之前，三株从未吝啬过对大众媒体广告的投入，并因此创下了了不起的销售业绩。

在这之后，“哈药模式”如期到来。

所谓“哈药模式”，业界给出过多种定义，有些表述为见缝插针式的广告投放与销售渠道，还有些称为巨额投入，大面积轰炸等诸如此类。

可以说，在“哈药模式”盛行时，只要打开电视，转动频道，几分钟之内，就会看到哈药集团的药品广告，比如盖中盖、严迪、三精葡萄糖酸钙、三精葡萄糖酸锌，包括哈尔滨制药六厂、哈尔滨制药三厂的品牌字眼等时刻冲击着人们的眼球。

吴穷认为，正是从“哈药模式”开始，“OTC药品广告变成了纯功利的形式，没有艺术价值、没有美感，只是不断地强化品牌，一遍又一遍地扰乱视听，通过电视广告给老百姓强灌信息”。

他还表示，早期的OTC药品广告含有自我药疗的信息，有一种健康知识的传递意识，而后来的“哈药模式”则是纯粹的品牌提示。

但不可否认的是，这种轰炸式的广告投放给哈药集团带来了十分可观的回报。据了解，1996年，哈尔滨制药六厂的销售额为1.3亿元，1998年增长为2.3亿元，而1999年暴增到10亿元，2000年翻番到20亿元。哈药集团同年的销售额也由38亿元变成58亿元。

于是，不少OTC药企竞相效仿。“哈药模式”沿用至今。

但随着2001年SFDA停止受理大众媒介部分处方药广告有关品种，包括抗生素类处方药的文件公布，有中国重点抗生素生产基地之称的哈药集团颇受打击。

“点”与“面”的关系

萝卜青菜，各有所爱。并非所有OTC药企都青睐于“哈药模式”。

2004年，在合资药企广州白云山和记黄埔中药有限公司（下称白云山和黄）成立之前，张平（化名）就已加入白云山和黄的前身——广州白云山中药厂，并长期负责省级OTC市场推广。

白云山和黄的OTC产品比重占到90%以上，有板蓝根颗粒、口炎清颗粒、穿心莲片、六味地黄丸、止咳枇杷颗粒等。

据张平介绍，当时，白云山和黄在全国各地均设有办事处，全国有近2 000人的OTC营销队伍，三级渠道布局比较扎实。鉴于此，白云山和黄在推广第二梯队产品时，并非依靠电视广告进行轰炸，而是凭借已有的营销网络，有选择性地在大众媒体上发布广告，与“地面”部队有机结合，起到画龙点睛的作用。

在2003年“非典”时期，板蓝根畅销，而广州白云山中药厂坚持其板蓝根产品不涨价。在这一事件营销过程中，尤其与许多借机涨价的板蓝根厂家相比，白云山和黄的口碑和美誉度得到消费者的肯定。

这种事件营销的方式直接传承到合资之后的白云山和黄身上。2005年，白云山和黄推出“家庭过期药品回收（免费更换）机制”，打着全球首创的旗号，在持续近6个月的时间里，在全国近30个省、直辖市、自治区开展活动。

时至今日，白云山和黄仍在坚持这种事件营销的方式。“家庭过期药品回收（免费更换）机制”进行到今年，已经是第八届了。

“花小钱、办大事，这是它的高明之处。”张平评价说，纯粹的广告显得比较生硬，相比之下，将诉求融入事件营销中，消费者会更有好感、更加认同。

同时，白云山和黄一直非常注重企业品牌建设，如白云山品牌价值估算，成立现代中药博物馆——神农草堂，统筹在全国性电视、报纸等大众媒体上做品牌类的广告等。

据白云山和黄有关负责人表示，公司目前的市场推广形式，在大众媒体上投放广告的比例占到50%~60%，除此之外，还涉及一些地面活动，包括事件营销等。“地面与广告相结合，既有‘点’的涉及，又有‘面’的覆盖。”

白云山和黄在全国各地的办事处，相当于“点”，而在全国性媒体上的广告投放，相当于“面”。就二者的回报率来看，“在消费者教育方面，‘面’的教育没有那么深入，但范围比较广，而‘点’的教育正好相反。”该负责人说。

李从选也表示，广告与地面的推广形式是相辅相成的，“没办法说哪个效果更好，因为只打广告，终端没人跟踪，就不能落地；相反，光有落地，空中没有支撑的话，消费者或连锁药店也不信任。”

就电视广告而言，一般有30秒、15秒的广告和5秒的标版广告之分，能够承载的信息量较小。“它可以让老百姓知道它的品牌，却不了解品牌背后的故事。”吴穷说。

业界看来，市场推广费用一般占到药品销售额的10%～15%，包括广告投入、给医师开会、对药店店员进行培训等。

夏庆说，年报显示，一些知名OTC药企每年投入的广告宣传费用动辄亿元以上，甚至有的公司年报披露广告的拉动效应很好地助推了公司业绩的增长。2011年，云南白药的广告宣传费用为5.08亿元，占主营业务收入的4.5%；哈药股份的广告宣传费用为4.48亿元，占主营业务收入的3.4%；仁和药业的广告宣传费用为1.33亿元，占主营业务收入的6.0%。

据吴穷介绍，OTC药品从在大众媒体上发布广告，到体现在销售额上，速度很快。“一般是货铺好后，再投放广告，有时一周之内就会起效，但是它的生命周期很短，药企必须要维持一个高额的投入，才能得到一个高额的产出，尾效应较短。”

吴穷举了一个例子：“比如说一款OTC药品，投放了3年的广告，第4年突然不投了，那有可能从第4年开始，一个月之后，它的销量急剧下降。”

上述白云山和黄有关负责人表示，公司这两年的广告费用基本持平，但广告价格每年都在涨，所以从投放量上来说是有所下降的。相应地，其市场推广费用在销售额中所占比例降低为7%左右。另外，由于原材料及人工等各项成本的上涨，目前白云山和黄在全国的OTC营销队伍已缩减为1 000人左右。

市场推广费用的降低不见得是件坏事。吴穷分析说，OTC药品随着广告投放时间的增长，知名度也在变高。药企在推广一个品牌的时候，往往初期的几次，大家的印象不会很深刻，而坚持投放三个月或者一年以上，人们自然会有所熟悉。这是一个维持量，而不是冲击量。

“很多药企投放广告，刚开始时，每天投放3次，3个月后，变成1天1次，半年后，变成一周两次，一年后，维持一周或两周投放一次的频率，逐步递减下来。”吴穷说，到了后期，知名度得到认可后，药企会转移部分精力到终端上来。

在采访过程中，部分药企传达了这种意愿。白云山和黄有关负责人表示：“如果把‘面’取消了，就只能做‘点’了。”李从选也表示：“如果禁令实施，只有在终端加大投入力度了。”

而在加强终端的同时，药企也在担心成本的提高。“品牌产品是全国性覆盖的，而社区里面的健康教育会议，可能只有几十个消费者，累积起来的费用会更高。”白云山和黄有关负责人说。

有人建议说如果OTC药品广告禁令通过，药企可以选择投放品牌形象广告。但吴穷认为，这只是目前缺少学术价值、趋于品牌提示的OTC药品广告的一个变种。相较于表达直白的“哈药模式”，早期充满学术韵味的药品广告或许更加含蓄。

而孙辉认为，OTC药品本身就具有广告推广的合理性，若简单地禁止OTC药品广告，对一些多年来具有美誉度、影响力的企业确实不公，如何在今后倡导合理安全用药、如何促进和评估广告正面效应，以及如何建立有序的竞争环境都是我们应该思考的。

在学术营销与广告营销的选择上，或许二者的结合，才是OTC药品广告的最佳归属。

（作者：陈一昀、曹晓龙，原载于《新金融观察报》，2012年11月20日，原题为“OTC广告禁令之争”）

专业的人做专业的事

从预想着眼于实行，由希望转变为成功，原是人生事业成功的正道。

在第一次通电话的时候，我就有理由相信，他是一个谦逊儒雅之人，他会时不时地说一句：“我的普通话不太标准，怕你听不明白，所以我讲慢一点！”柯华松思维敏捷、话语条理清晰，不时还偶尔俏皮，让人倍感亲切与随和。

角色转换，尝试成长新路径

从最初的会计专员到如今良方药业的掌舵者，每一步他都有所思有所行。关于转型，柯华松表示：“当你掌握了从药店到连锁，从商业到总代，再到厂家等每一个环节的每一个细节时，要往哪个方向转变，我想也就只是态度和时间的问题，最重要的还是自身的性格特质，觉得自己该到创业的时候了。”

“创业是自己为自己打工但更是为员工打工，生存是第一要务，发展是根本需求，一年比一年好就是成功，千万不能贪慕虚荣，盲目求大求快。让员工和公司一同成长，一起有尊严快乐地生活就是最高目标。”柯华松解释道。

每一个创业者的背后都是五味杂陈。柯华松说：“创业过程的困难与艰辛不是创业前就能估计得到的，它就像事先约好了似的，到了某一时点，不约而同地发生了，让你措手不及。营利模式，销售模式，资金短缺等都不是最难的，创业最考验人的往往是创业者的心态。外界的冷眼旁观，特别是身边团队成员一个个的离开，是创业者最大的挑战。” 看似轻描淡写，可言语间那份责任，无以复加。

似乎从创立之初，良方的定位就已经形成：总代理推广策划。良方药业的核心团队大都从工厂转型过来，优势便是对产品的专注，从产品的定位到策划、推广，从产品铺货、销售回款到品牌提升等一个全链条的服务体系。专注于策划的良方药业，未来在药品生产方面是否会有所涉及？柯华松表示：“虽然从事药企行业20年，但专注、专业、聚焦、聚才一直是我字典里的关键词。专业的人做专业的事，一个人不可能知道所有问题的答案，一个企业赚不完所有的钱，社会越发达，分工越会细化，隐形冠军有生命力，单项冠军更有生命力。”

忙里偷闲，品味别样人生

时间是把被遗忘的钥匙，有人偶尔记起，有人时有忘却，但有人却弥足珍视！从采访的过程中了解到，柯华松每天都在忙于奔波，那份激情那份活力，作为记者的我也只能自惭形秽。他陈述道：“我是一个危机感多于安全感的人，处女座追求完美的性格使这个特点更加明显。因此，从读书到工作，我总觉得自己有很多不足，所以很勤奋很努力。别人在休息的时候我可能和客户在沟通，别人在休息的时候，我可能在看书学习。只有自己掌握更多的知识、技能，才能生存下去，才能无愧于企业、无愧于老板，也无愧于自己。也只有这样，自己的抗风险能力才能提高。哪怕我当了营销总经理，依然和终端代表去跑药店做促销，和不同层级的员工沟通，了解他们的需求，灵感大部分都来自一线。在现场胜于一切。”

也许正是这样一份对于工作的热忱，柯华松在几十年的医药行业中开创了多种销售和管理渠道，问及印象最深的事情时，流转于记忆的那份自豪溢于言表：“2009年我离开了服务了20年的老东家（广州白云山和记黄埔中药有限公司），转做职业经理人，服务于广东一力集团，全面负责广州花城制药厂的营销工作，一年半的时间，把花城制药从完全依靠商业调拨的传统销售模式成功转变为以深度分销为主的团队作战销售模式，从零开始，建立了全国的终端推广队伍，成立了30多个省级办事处。在此期间，我们举办的‘为环保为健康——空瓶空盒可换药’公益爱心活动更在某种程度上大大提升了品牌影响力。同年销售回款同比增长42.5%，最令我欣慰的是销售队伍从原来不到10人发展到近百人，艰难地克服了销售人员不稳定、客户库存超大、产品批号过旧，市场价格混乱等诸多困难。”当然，偶有闲暇，柯华松就会从紧张忙碌的状态中走出来，享受那充满阳光的日子，怡然自得。他表示：“我很喜欢运动，特别是打篮球、羽毛球等，只是在大都市要运动，说实在还真不容易，目前最多的是爬山、散步了。”

庄子有言：“吾生也有涯，而知也无涯。以有涯随无涯，殆已！” 人生舞台的演出随时都在继续，或喜或悲，但成功转型的柯华松在步入中年的路上仍续写辉煌！

回眸往昔，探路未来风采

有人评价中国的医药行业是水与火的较量，产品同质化。只有所谓的品牌，真正潜心研究新品的却只是凤毛麟角。2009年开始，新医改的实施大大激活了基层市场的发展，然而很多制药企业只知分蛋糕而近乎忘了制蛋糕，改包装、改规格、进目录、争定价，更是乐此不疲。柯华松义正词严：“我坚定地相信，再过若干年，医药行业将更加明显地体现出其本质就是拼品种、拼研发、拼投入的高风险高收益的产业。” 谈及自己的专业工作，他总能够滔滔不绝。

从从容容20余载，谈及自己的成就，柯华松谦虚地说：“现在还没做出多大的成绩，感觉自己还不太强大。”

2003年柯华松在普药企业首推“三级渠道分销”，终止商业调拨乱价的局面；2004年他从战略层面调整营销组织架构，建立起省级经理负责制，使管理扁平化、市场化；2005年面对平价药店拿品牌药祭价，供应链价值倒置，柯华松及其领导的团队最早实施“亮剑行动”，在全国省会城市和重点城市首批选择3 000家在当地影响力最大的药店，与白云山和记黄埔缔结联盟，建立起一条“和谐产、供、销链”。柯华松表示：“此举维护了供应链各链主的合理利益，使工商关系得到协调发展。”

2006年在轰轰烈烈开发第三终端的热潮中，柯华松理性冷静地提出“OTC量化考核”，加强绩效管理；2007年他引入平衡计分卡（BSC），使营销管理走上新台阶；2008年他提出A380营销计划，聚焦资源，聚焦大客户、大品种；2009年他倡导满意营销，实现弯道超车；2010年他推广创业者模式，成立第三终端联盟……

一连串的成绩见证着一个人的成长。正如柯华松所说：“一个人的成长也有‘PDCA’，P是计划，D是执行，C是检查，A是处理。人要有计划和目标，然后去努力拼搏，中途要不断自查自纠，修正后制定新的、更高的计划目标。”

是勤奋，是努力，是认真，是感性，让这位身经百战的老总在整个交谈过程中始终传递着自信的讯息！真心祝愿柯华松以及他的良方药业在未来的发展中再创佳绩！

（作者：俞玲玲，原载于《中国医药产业》，2013年第4期）

参考文献

［1］［美］艾·里斯、杰克·特劳特著，王恩冕、于少蔚译：《定位》，北京：中国财政经济出版社2002年版。

［2］［美］默哈·尼尔著，邓小芳译：《平衡计分卡实战精要》，北京：机械工业出版社2007年版。

［3］［美］阿维纳什·K. 迪克西特、巴里·J. 奈尔伯夫著，王尔山译：《策略思维》，北京：中国人民大学出版社2013年版。

［4］［美］杰克·特劳特著，谢伟山、谭云海、陈逸伦译：《终结营销混乱》，北京：机械工业出版社2009年版。

［5］［美］拉里·博西迪、拉姆·查兰著，刘祥亚等译：《执行：如何完成任务的学问》，北京：机械工业出版社2003年版。

［6］［美］彼得·圣吉等著，张成林等译：《第五项修炼》，北京：中信出版社2011年版。

后　记

互联网的发展，O2O模式的兴起，医改的深化，使传统的医药营销面临极大的挑战，营销创新，路在何方？

隔三岔五，就会有一些新的营销模式受到追捧，但都是“各领风骚两三年”，成功的总是率先创造模式的那三两家企业。

营销最注重价值的分配，以及利益的循环流动，循环即人人能分享，流动即优胜劣汰。专业一点说就是，营销是供应链管理、价值链经营、厂商协力构建供应链的利益共同体，是让顾客更满意的经营活动。

不管哪种营销模式，万变不离其宗。

OTC也好，大健康也罢，越往后走，越要在品类中创新、突破，成为数一数二，才能很好地区隔竞争者。

每一个品类都有机会，但每一个品类都不可能像过去那样多、杂、乱且各自生长。供求的转换、寡头的形成，做大单品将是最优策略，单品品牌比众品品牌更有生命力。

产品、价格、渠道、促销、品牌、顾客，4P、4C或4R，不管多么古老或前沿的营销理论，都要结合本企业实际，要能落地执行，而不是看起来很美、很全。聚焦更关键，所以要讲究策划。纵使你看遍所有的营销书籍，营销策划也就那么一回事，策划关键是要活，活才适合，活才适用。如果你能灵活掌握本书的这些策略，足够你在实战中运用自如了。今后，医药营销的基点在于产品。产品优秀营销才有发挥的机会。

常常在全国药品交易会和行业媒体等论坛上，听专家在台上慷慨激昂地演讲，和大多数人一样，听多了感觉无非都是那样，说的大都是问题而不是答案。

真正的招式又怎么会在大会上传授呢？

也有搞营销策划的同道和我说，写文章可不能把最真实的全写出来，要不，企业怎么会再花钱请你做策划呢？看你的文章就好了。其实，策划的精髓在于联系实际。

我在医药圈二十多年，做过医药工业、商业，也自己创过业，销售过中药、西药，做过OTC、RX，服务过国企、外企、私企，当过销售员、营销老总，在所走过的每一段路上，我都喜欢把思考写成文字，总结得失成败，与大家分享，这是一件利人利己的乐事。

时移世易，营销无定式，不怕模仿，重要的是在模仿中创新。

再次感谢关心帮助过我的领导、老师、同事、朋友，感谢默默支持我的她，感谢素未谋面的读者，您是我孜孜以求的明灯，给我温暖，我对您的爱与祝福深藏在内心深处。

萧伯纳说过："你有一个苹果，我有一个苹果，我们彼此交换，每人还是一个苹果；你有一种思想，我有一种思想，我们彼此交换，每人可拥有两种思想。"

阅读是吸取别人智慧的途径，写作是提高自己水平的实践。让我们通过隽美的文字，开始思想的交流吧。

是为后记。

柯华松

2014年7月